文化ストック経済論

フロー文化からの転換

寺岡 寛

Teraoka Hiroshi

信山社
SHINZANSHA

はしがき

「フロー経済」は、経済成長率だけにこだわる経済観である。だが、フロー経済の結果、残ったストックの活用に基づく「ストック経済」観が重要である。ストックには「見える」有形資産もあれば、「見えない」無形資産もある。両者は相互的である。有形資産は無形資産によって活用され、無形資産は有形資産との関係なくして、その価値が発揮されない。無形資産の代表は広義の「文化」である。ただし、「文化」はほとんど見えないかたちをとるだけに、その活用は厄介だ。

地域社会の活性化には、「文化」の活用が大きな鍵を握る。文化とは共通性や類似性よりも、むしろ異質性や多様性への寛容さである。この視点は地域・地方文化の振興に重要である。

さらに、「地方」と「中央」との関係が活性化の鍵である。「中央」と「地方」の対概念は、地域社会の歴史を振り返り現状をとらえる上で、また将来を展望する上で注意を要する。中央は地方なしには成立しえない。交通手段が未発達であったころ、地方は中央やその周辺と複数の関わり―相互性―をもち成立していた。この関係が相互性を欠き一方的になることで、地域社会の活力は陰った。将来の再活性化を見据える場合、地方と中央の相互性を再び取り戻さなければ、地域社会の再活性化はむずかしい。

近代国家の成立という歴史的視点では、近代化は地方を単一中央＝中央政府に結びつけ成立した政治システムであった。交通や技術の発達により、「大きな」中央から周辺の「小さな」中央をへて、さらに地方へと資金や情報が伝わることで、地方の異質で多様な文化が解体・涸渇した。具体的事例は、民俗学者の宮本常一の地域文化に関する膨大な記録にとどめられている。では、再びかつてのように、地方が中央と複数に結びつけば、地域社会は活性化するのだろうか。

本書では、文化ストックが地域経済を再活性化させ、持続可能な道筋をつける際の課題を整理したい。米国の地域社会活性化の運動家・研究者・作家のマイケル・シューマンは、『スモールマート革命―いかに地域ビジネスがグローバル競争に打ち勝つか―』(邦訳副題は「持続可能な地域経済活性化への挑戦」)で、地域経済活性化モデルとしてLOISモデルを提案する。LOISはLocal Ownership and Import Substitution の略で、中央集権化やグローバル化の下で、地域への紐帯が弱い大企業ではなく、地元の中小企業の踏ん張りに大きな期待をかけるモデルである。同様の主張は、都市研究家ジェイン・ジェイコブスの輸入置換(Import Replacement)という地域活性化モデルでもみられる。

シューマンやジェイコブスは、「地域資源」の重要性を強調した。何を地域資源とするのかによって、地元の中小企業の経営のあり方、中小企業への支援のあり方、地域社会のあるべき姿と地域経済の振興方向が定まり、地域でさまざまな試みが可能になる。それゆえ、地域でのフロー経済の発展が各地域にどのようなストックを残すのかを検討する必要がある。

経済学用語のイメージが強い「ストック」を「文化」という言葉で置き換え、地域経済のあり方と今後を考えるのが本書である。念頭にあったのは、「地域で働き生きる」ストックの文化経済論への模索であった。もっぱら工業政策を中心に地域経済を研究してきた筆者にとり、文化やアートは地域経済の活性化やまちづくりに有効性をもつのかという素朴な疑問もあった。研究者、事業家、行政、ミュージアムの関係者、アーティスト、建築家、まちづくり活動家などさまざまな人たちと接した。同時に経済学者、環境学者、民俗学者、農業家、社会学者たちの著作を通じて、「なぜ?」を考え続けた。その軌跡が本書でもある。
この主旨では、本書のタイトルは「地域文化経済論」が無難かもしれない。しかし、このタイトルは前著『地域文化経済論—ミュージアム化される地域—』(同文舘)で使った。そこで、いろいろと考えてみた。本書では、見えない資産としての地域文化のストックを中心に地域経済社会の今後を考えた。結果、「文化ストック経済論」になった。わたし自身も、本書で取りあげた地方都市を実際に訪れた。訪れてわかったこともあれば、わからなくなったこともあった。このギャップがあるからこそ、また、いろいろな地域を訪れてみて、そのなぜを追求したくなるのだろう。

二〇一七年九月

寺岡 寛

目次

はしがき

序章　文化とストック……1

第一章　文化と再生産論……14

文化と地域資源（14）
文化と社会資本（23）
文化と地域社会（33）

第二章　ストックの概念……46

経済学での概念（46）
自然とストック（51）
文化とストック（64）

第三章　ストック経済論……71

目　次

自律性と他律性（71）
多様性と自立性（77）
地域経済の方向（90）

第四章　地域文化経済論……101
地域文化と文化経済（101）
ミュージアムの役割（112）
地域文化イメージ論（126）

第五章　地域文化社会論……141
地域文化と文化社会（141）
地域文化と美術館論（148）
地域文化と社会再生（164）

終　章　地域文化と経済……175
ストックから文化へ（175）
文化から地域経済へ（184）
地域経済と地域社会（197）

あとがき

参考文献
人名索引
事項索引

序章　文化とストック

1

わたしたちは経済、政治、社会の枠組みの中で働き生きる。経済、政治、社会などをまとめれば、人びとの織りなす「文化」となる。「文化」とは便利な言葉であるが、きわめてあいまいな概念でもある。(*)なにがしかの言葉が冠され、はじめて文化の中身が具体的になる。「対」の言葉が並べられると、その内実がより明確になる。

＊わたし自身は、いままでも文化については、地域社会や地域経済との関係性で取り上げてきた。つぎの拙著を参照のこと。寺岡寛『地域文化経済論―ミュージアム化される地域―』同文舘（二〇一四年）。

民俗学者の宮本常一（一九〇七～八一）は、「農村文化と都市文化」という論稿（昭和三九［一九六四年］）で、「文化」に「農村」と「都市」を冠し、この対を為す言葉から「文化」をつぎのように論じた。

「元来、田舎に文化があるとすれば、それは第一次産業の生み出したものである。そこに住む者は農業、林業、漁業などに従い、それらの産業は、自己の努力だけで生産が左右されない自然との対決であって、自己の意思のみによって生産計画をたてるまえに、まず自然に順応しようとする何ものかを持たねばならなかった。……日々の生活は、作物や収穫物との関係によってうちたてられていた。こういうものを文化というならば、そこには生産を中心とした文化があり、消費生活は、その生産エネルギーを支えるためのものとして存在しているにすぎなかった。」（『宮本常一著作集』第二巻所収）

宮本は、農村文化を「生産を中心とした」日々の生活とみた。自然を介して生命を繋ぐ農業は、日々の食物や収穫物の生産に直結する人びとの営みであった。そうした生活によって、人びとは自分たちの生産エネルギーを蓄えた。農村―山口県周防大島―生まれの宮本にとり、消費生活は日々の生活の脇役であった。生産あっての消費＝商品である。宮本は、「主たる文化＝生産生活＝農村文化」、「従たる文化＝消費生活＝都市文化」という構図を描いた。

しかし、農村の衰退が、「生産を中心とした文化」に大きな影響を与えざるを得なかった。宮本は、「ところが、今日、われわれのいわゆる普遍性をもつ文化というものの大半は、その消費生活の中から生み出されたものであった」ともとらえていた。そして、敗戦後の混乱から高度経済成長へ移行した日本社会の変化を、それまでの文化の主客交代にみた。農業の衰退が、日本社会の農村文化を衰退させつつあった。全国の農漁村をくまなく歩いた宮本は、そうした時代に生き、多くの論稿を残した。

そのような影響は農業だけではなく、農家の副業あるいは農閑期の仕事から発展した地場産業(*)にも及んだ。地場産業の生産基盤の低迷や縮小で、それと密接な関係をもった農村文化も変容を迫られていった。近代移植産業や問屋制家内工業から発展した都市型の地場産業でも、生産基盤が弱体化し、都市の生産文化は消費文化の興隆とは対照的に衰退していく。

＊詳細は、たとえば、つぎの拙著を参照。寺岡寛『日本型中小企業―試練と再定義の時代―』信山社（一九九八年）。

一方、この変化へ対抗する流れも出始めていた。東京など都市圏を中心とする経済発展のなかで、中央と地方の均衡ある発展を掲げて、全国総合開発計画（＊）―全総―の必要性が主張された。高度経済成長に陰りがみられたころに、地域経済復興が唱えられ始めたのは、単に偶然ではない。地方小都市の衰退がすでに始まっていたからだ。地方衰退はまちおこし論を促進した。背景には、生産を中心とした日々の暮らしの変容があった。

＊この政策をめぐる動きの変遷については、つぎの拙著を参照。寺岡寛『田中角栄の政策思想―中小企業と構造改善政策―』信山社（二〇一三年）。

地場産業を含めた地方製造業が停滞するなか、地方から中央への若年層の流出とともに「ものづくり」も変わった。すなわち、「生産の経済」に取って代わり、一層の経済発展を促すとされた「サービス経済（＝経済のサービス化）」が肯定的に強調されるようになった。だが、地域消費人口の動態に影響を受けやすいサービス業が、新たな産業や消費文化を創造するポテンシャルは大きくはない。

宮本自身は、日本社会の主流文化は「農民文化」であるとみた。それは農村の生活に密接に結びついた農業＝生産を中心とした日々の生活感であったと、宮本は主張した。他方で、そうした文化も不変ではありえないという柔軟な見方をした。そして、現実として、人口の重心が農村から都市へと移動するにつれ、都市文化がわたしたちの社会の中心となってきたことにも着目していた。その場合、農民文化が「生産中心」であれば、都市文化は「消費中心」である。

補足すると、農村文化とは、自ら生産したものを自ら消費する範囲で成立した文化である。他方、都市文化とは、自ら生産できるもの以上に、自らが消費することで成立した文化である。生産能力以上の消費こそがサービス経済を成立させる。必然、生産ではなく、消費を喚起し続けるサービス産業は、消費人口を呼び込んだ都市でのみ有利に成立する。

留意すべきは、宮本の指摘する農村文化もまた、決して固定的なものではないことである。農村や農民―農業従事者―のあり方は農村内部の動きによって、また、外部からもたらされるさまざまな刺激―ヒト・モノ・情報など―によって変化する。このことは、都市化と同時並行的に進行した工業文化の展開についても同様である。宮本から継承しなければならないのは、農業と同様に工業についても、その内部と外部の双方の変化要因を探ることである。

宮本は農村の「文化」について語るときに、「中央」と「地方」との関係―交通の発達による物資や人びとの移動―をいつも重視した(*)。繰り返しになるが、地域の文化形成史は、農業も含め地域産業の動向と密接な関係をもつ。地域産業の栄枯盛衰には、地域の資本蓄積が深い関わりをもつ。民俗学者の宮本がときに経済学者のように、農業や他の産業分野にも言及し、地方産業と資本蓄積構造との関係を執拗に分析したのもそのためであった。

＊これは、宮本が僻地や離島の歴史を分析する際の重要な分析概念でもある。詳細は『宮本常一著作集』第四巻『日本の離島第一集』、第五巻同『第二集』、第三五巻『離島の旅』を参照。

いずれにせよ、文化とは、人びとの生産と消費に関わり、働き生活する人びとの暮らしとの密接な関係の中で成立する。生活環境が再生産されることで、そのあり方が人びとの意識に刻印され、地域住民が共有できる文化が形成されてきた。文化の担い手たちが減ったり、あるいはいなくなったりすれば、地域文化は映像ライブラリーの記録（アーカイブ）で残るだけになる。継承する人たちの存在と、それを経済的に支える基盤がなければ、やがて文化は枯渇する。本書を単なる文化論ではなく、あくまでも「わたしたちが働き生きる」ストックの文化経済論とする理由もそこにある。文化は、過去の歴史の蓄積という経済的なストックであり、メンテナンス（＝継承）することがなければ、やがてフロー化して消え去ってしまう。

ところで、はかない文化をデジタル化したストックで継承しようという考え方もある。一見、文化との関わりが少ない弁護士の福井健策や吉見俊哉が、『アーカイブ立国宣言―日本の文化資源を活かすために必要なこと―』で、文化のデジタル化を早急に推し進めることを主張してきたのも、文化は一度消え去れば、その再現がきわめて困難である―不可能なこともある―との認識からである。福井たちは、文化＝フローをストック化する手段として、デジタル化―デジタルアーカイブ化―を重視する。(*)

＊文化施設が保有する権利者不明となっている作品―いわゆる「孤児作品」―などの所有権や利用権はまさに法律問題であり、この点に関しては弁護士などが関わらざるを得ないといえる。

福井たちが取り上げるのは、マンガ、アニメ、ゲームソフト、市井の人たちの声が収録されたタウン誌、映画や記録フィルム、演劇などのパフォーマンスなど、広範にわたる文化である。こうした文化はマンガに代表されるように圧倒的なフロー量のために、ストック化され記録されることが少ない。継承されにくい、使い捨ての文化資源である。この種の文化資源のデジタル化＝保存の抱える問題点は、その活用や再利用にかかわる法的な制約性にある。弁護士の中川隆太郎が、つぎのように指摘するのもそのためだ（福井・吉見前掲書所収）。

「文化資源をデジタルアーカイブ化することの究極的意義は、『知のインフラ』を整備する効果、すなわち、過去のすぐれた芸術作品や情報の蓄積をはかり、その継承や再活用、そして新たな創造につなげる知的な循環の場を生み出す効果をもつ点に集約される。……海外に住む人々にとって、日本の情報との接点としてのインターネットの占める重要度の高さは国内のそれの比ではない。したがって、インターネット上でどれだけの質・量の情報に接することができるかによって、日本の文化、ひいては日本という国のそのものに対する認識・印象は大きく異なりうる……日本のコンテンツの国際的な情報発信をめぐる現状が、欧米をはじめとする先進国の中でも大きく見劣りする……」。

中川は、日本文化が世界へ貢献するには、デジタルアーカイブが日本語だけではなく、多言語化することが必要であり、そのための政策的支援の重要性を指摘する。

日本国内でもさまざまな地域で蓄積された文化をデジタル化することで、地域文化に新たな命を吹き込む可能性がある。福井や中川が紹介する事例には、長野県小布施町のデジタルアーカイブの取り組みがある。小布施町は葛飾北斎（一七六〇〜一八四九）のイメージとまちづくりの先駆事例としてよく知られる。町に眠る古文書や古写真、古老などの記録をデジタル化することで、小布施にストックされてきた豊かな文化を現在のまちづくりに活用することが可能になる。映像ディレクターの経験をもち、小布施町立図書館館長（二〇〇九〜一二）をつとめ、オーラルヒストリーやデジタルアーカイブ－DVD化など－に努めてきた花井裕一郎は、その試みをつぎのように振り返っている（福井・吉見前掲書所収）。

「僕やもともと地域の人々自らが地域のアーカイブを作るべきだと考えていました。……文化財を集めることだけがアーカイブではありません。自分たちが生きている小布施を自分たちが調査し、音声、映像、本などあらゆる角度から『小布施』という町を残していきたいと思っていました。博物館であり、美術館であるような図書館を作りたいという気持ち、僕のなかにありました。……初期の町づくりに携わった方たちはもう高齢になっている。僕は、その方々が知っている町の歴史的経緯や、その方々が持つ町づくりに対する知恵を、今のうちに残しておかねばならないと感じました。」

花井は単に一世代の記録ではなく、何世代もの町の歴史が折り重なって記録されてきた高齢者の知恵＝小布施文化を記録しようとした。しかしながら、ここ数十年、全国各地で衰退してきた地場産業、とりわけ、繊維関係分野のデザインをデジタル化してアーカイブとしても、素材やその加工法などは発展しうるのかどうか。数少ない高齢の職人たちの仕事ぶりをビデオにとり、アーカイブ化しても、彼らが先人たちから継承して来た技が、今後、さらに継承される保証はない。

民俗者の宮本もまた同じような思いから、文書と写真で日本各地の姿を残そうとした。宮本が日本各地に残っている歴史的資産としての「文化」を書き記しつつ、それが脆いことを同時に指摘したのは、それを意識してのことではなかったろうか。宮本の危惧は、彼の地方調査時点ですら、人口減―農村から都市への流出など―で、廃村を余儀なくされ、村文化が消え去ろうとしていたことから来る思いであった。

文化とはそれを担う人がいなくなれば、その継承は非常に危うい。宮本が残した記録文書やその膨大な写真記録によって、わたしたちは、現在では消え去った村の様子や、人口減少によって忘れ去られた祭事や習慣をなんとか知ることができる。とはいえ、宮本が「あるき、みて、きろく」したものは、日本全体からみればわずかである。

宮本は廃村とともに、地域文化そのものが忘却されれば、もう二度と再生できないのではないかと危惧した。歴史的伝承としてデジタル化され、ストック化されたとしても、それを伝える担い手＝フローとしての新しい世代への継承がなければ遅かれ早かれ底を尽く。表面的にデジタル化された映像を通じて、文化の外観がわかっても、それを担ってきた人たちの精神性や、それを形作ってきた地域の姿にまではなかなか到達できない。冒頭にふれたように、文化とはあいまいであり、それゆえに、はかない。

2

「地方」と「地域」とを無規範的に使ってきた。宮本の残した膨大な著作では、ある場面では「地方」が使われ、ある場面では「地域」が使われる。宮本が「地方」と「地域」をどのように区別していたのかは、必ずしも明らかではないが「地方」という言葉を使っている場合、それは少なくとも「中央」への対抗概念として意識していた。また、「地方」や「地域」を使わない場合は、たとえば、「(離)島」や「(山)村」の生活というように、地理的特徴を交通の便から類推できるように「島」や「村」という言葉をよく使った。

「地方」は、英訳語として〝local〟を思い浮かべやすい。この言葉は多くの英単語と同様にラテン語源であり、場所を表す〝locus〟に形容語尾の〝al〟が付いたものだ。実際の意味は「その場所その場所での—特定の場所—」であって、原義的に「地方の」という意味は含まない。この言葉は、元来、狭い地域を指した。同種の言葉に〝region〟や〝area〟というのもある。このうち、〝area〟はラテン語の「平地」を原義とする。

人文地理学や経済地理学では、「地域」―"region, area"―が空間範囲を示す概念として使われてきた。空間範囲といった場合、他地域と区別できる自然的な地表の特徴をもった範囲であったり、あるいは、同じ文化を共有する人びとの居住範囲であったり、また、経済活動上のつながりを意識した経済範囲を示す。このなかで範囲として変動しやすいのは、経済範囲としての「地域」である。これに対して、「地方」は地域のなかのさらなる地域、あるいは、中央に対する対概念として使われる。前者は行政単位、後者は政治的な力学関係が反映する。本書が対象とするストックとしての「文化」と「経済（産業）」を考える際は、「地域」と「地方」の概念をつぎのようにとらえておく。

地域―単に自然環境など地表の特徴が共通する自然的空間範囲ではなく、同一文化を共有する空間と、それを維持してきた経済的つながりの重なり合う空間範囲を対象とする。ただし、生活が自然との相互作用で成立している以上、自然的空間範囲と文化的・経済的空間範囲はすべてと言わないまでも、ある程度の重なりをもつ。

地方―「中央」に対する概念としてとらえる。とりわけ、そこには行政や政治などの「力」関係が入り込んだ含意がある。

言葉の対比では、「地域」に中立性が高い。「地域」経済や「地域」文化(*)といった場合、そこに他地域との優劣関係がそのまま反映されているわけではない。ただし、地域政策などといった場合は、政策的思考が入り込み、中央政府から地方政府―地方自治体―への補助金や助成金という行政手続と資金の流れがあるため、権限における優劣関係が反映されやすい。

＊日本で地域文化や地方文化といった場合、東京からつねに発信される文化＝中央に対するものとする含意もある。こうし

て、社会の中心＝支配的文化に対する、独立的なあるいは周辺的な集団の文化を、下位文化（サブカルチャー）という場合がある。これは元来、一九五〇年代後半の米国社会で、それまでの音楽文化や文学などへの少数派の対抗文化―カウンターカルチャー―がサブカルチャーととらえられ、一九六〇年代に若者たちやマイノリティ（少数民族系米国人）の固有文化などの名称ともなった。

背景には、当時のベトナム戦争への若者の反対運動、人種問題、大学紛争などの激化があった。その後、当時、大人世界から批判を浴びたサブカルチャーなども、その担い手の若者世代が大人になるにしたがって、ポップカルチャー―大衆文化―化していったことは興味深い。この点からすると、地域文化がやがて中央文化となることもあるが、それは一定の分野のコマーシャリズムによるものであって、そこには中央文化と地域文化の従来の力関係が働いている。

本来なら、中央も「地域」のなかの一つである。だが、そういった場合、地域＝地方となることで、本来の地域のもつ中立的な語感が消え去りやすいことは確認しておこう。

3

文化とストックとの「関係性」を整理しておく。

明治以前に「文化」という言葉があったかどうかの点では、江戸後期の一九世紀はじめに使用された年号としてはあった。他の年号と同様に、中国の古典書からとられたもので、当時、現在と同じ意味で「文化」という言葉が理解されていたわけではない。明治になり、ドイツ語の〝Kutur〟や英語の〝Culture〟が「文化」という言葉に移し替えられた。ドイツ語であれ英語であれ、それらはラテン語の〝culura〟が語源であり、耕す（〝clutus〟〝colere〟）から来る。ただし、この種の言葉がすべて「文化」と訳されたかといえば、農業学では「栽培」(cultivation)、教育分野においては「教養」と訳された。

日本社会に新しく翻訳語として登場した「文化」が、日常言語としてすぐさま定着したかといえば疑問である。「文化」のもつイメージは実にさまざまであった。アルミ合金を使った鍋を「文化」鍋と呼び、長屋風アパートを「文化」住宅と宣伝し、なんでも切れる包丁を「文化」包丁と名付け、それまで新聞紙などに包んでいた魚干をセロファンに包んだものを「文化干し」とした。高度経済成長下で、これら「文化」が冠された商品の多くは、商品としては残ったが、当時の名称や語感は忘れられ、いまや死語となった。

日常語ではなく用語としての「文化」は、もっぱら文化人類学をはじめとして、西洋から移入・移植された日本の学問「文化」のなかで活用された。とはいえ、高等教育が普及してきた日本では、専門家の狭いインナーサークルから一般社会へ浸みだして、新聞、雑誌、テレビを通じて、厳密な定義と内容は問われることもなく、「文化」という言葉が、現在では半ば日常用語化している。

文化なるものを「ストック」面からみれば、何が見えてくるのか。一般的には、文化には「見える」文化と、「見えない」文化がある。それは有形文化財と無形文化財という分類でもある。この分類は、昭和二五［一九五〇］年に、文化財を保護・活用することで国民の文化的向上を目的に制定された「文化財保護法」の分類でもある。日本社会で「文化財保護法」以前に、文化財保護を意図した法律がなかったかといえば、個別立法としては、史跡・名勝・天然記念物、国宝、重要美術品の保存法が、大正半ばから昭和初期にかけて制定された。

戦後、これらの個別立法が「文化財保護法」に統合された。「文化財保護法」が、保護すべき対象は前述の有形文化財と無形文化財のほかに、民俗文化財、記念物、文化的景観、伝統的建造物がある。具体的に整理しておくと、つぎのようになる。

有形文化財—歴史・芸術・学術面で価値の高いもの。具体的には絵画、彫刻など美術品、工芸品、建造物、書跡・典籍、古文書、考古資料、歴史資料など。

無形文化財—形としては残らないが、技術や技能が人を通じて伝承されるもの。具体的には演劇、音楽、工芸技術など。

民俗文化財—国民の生活推移の理解のために不可欠な風俗慣習である衣食住、生業、信仰、行事、民俗芸能や、そのために使用する衣服・器具（道具）、家屋など。

記念物—遺跡（古墳や貝塚など）、城跡、旧宅、庭園、峡谷、海浜、山岳などの名勝地、動植物や鉱物など。

景観—地域の人びとの生活・生業、風土を通して形成された景観地。棚田、里山、用水路など。

伝統的建造物—周囲の自然環境と一体化し、歴史的風致を形成してきた伝統的な建造物群。

どれも、歴史的時間がそこにストック—蓄積—された有形・無形の国民的資産＝文化財とされる。これら文化財のなかで特に重要なものは「重要文化財」として登録されている。わたしたちが寺社仏閣などを訪れると、この表示に出くわす。最も重要なものは「国宝」とされる。

文化財の維持・保存費用には、政府や地方自治体から助成が行われてきた。同時に、所有者は、現状変更などの制約を受ける。また、国連教育科学文化機関（ユネスコ、UNESCO）は、「世界の文化遺産および自然遺産の保護に関する条約」の下で、「顕著で普遍的な価値」をもつものを、とくに「世界遺産」に登録している。世界遺産は、「文化遺産」、「自然遺産」、「複合遺産」に分類され、現状では、文化遺産の登録がもっとも多い。文化遺産の対象は歴史的建造物や都市、考古遺跡、記念碑的な彫刻や絵画といった芸術作品である。(＊)現在では、「記憶遺産」(＊＊)も登録されている。

＊日本の多くの地方自治体やその関係者が、地元の文化資産を世界的文化遺産としてユネスコ登録するのに躍起になっているのは、日本の指定文化財というだけでは、外国からの観光客などを呼び込むことが出来ず、経済効果として限定的と思っているからにほかならない。

＊＊福岡県出身で長く炭鉱夫として働き、筑豊での採炭の様子を記録した山本作兵衛（一八九二〜一九八四）の炭鉱画が平成二三［二〇一一］年に、日本初としてユネスコの世界記憶遺産に登録されている。

文化とは有形であっても無形であっても、何世代にもわたる人びとのフローとしての営みがすこしずつストックされ成立・形成される。ただし、ストックとしての文化は担い手やあるいは市場が縮小すれば、「減価」していく厄介なものでもある。ストックは、現世代の営みというフローにより「増資」されなければならない。もし、それが無形文化財であった場合は、文化に内在する本質的なものやことを現在利用し得るハイテク技術―デジタル化もその一例である―というフローによってストック化しうる。しかしながら、それを次世代に引き継ぐことのできる人的関係性やそれを支える経済的基盤をいかに確保するのか。デジタル化だけでは解決しえない問題と課題が横たわる。

第一章　文化と再生産論

1　文化と地域資源

「文化」概念から地域資源の範疇に入るのは、まずは記念物や景観である。歴史的資産である遺跡や文化財たりうる景観はどこにでもあるわけではない。他方、有形文化財の絵画、彫刻、工芸品などは、著名な作者であっても、作品点数が多い場合、世界各地の美術館などに散在する。たとえば、スペイン生まれのパブロ・ピカソ（一八八一〜一九七三）の作品は世界各地にある。日本でも各地の美術館で、ピカソ作品を何点か所蔵している。そうした作品が地域資源のひとつであるのかどうか。地域とピカソを結びつけるストーリーがなければ地域資源であるとは言いづらい。

この点、民俗文化財はその地域に独特である。模倣・実演が他地域でできないとなれば、地域資源としての認知度は高まる。無形文化財もまた同様である。演劇や音楽などは他地域でも実演可能であるが、その地域の名前を冠した「〜〜音楽祭」や「〜〜演劇祭」は、他地域と区別しうる地域資源となりうる。その場合、地域の自然環境や社会環境が、地域文化＝地域資源のイメージと密接な関係をもつ。

景観などの地域資源—自然—の場合は、まず保持されることが重要となる。それらは地域の自然・社会環境でもある。自然・社会環境はわたしたちが必要とするもの以上に多くを求めないことで、保持されてきた。この点は忘れがちである。宮本が強調したのは、まさにそうした点であった。日本の生活文化とは、「足るを知る」という農村の生活原理に基づいていた。「足るを知る」の生活原理は、社会的規範として地域の人びとの共通精神を形成してきた。それらの人びとの生活態度が、次世代にとって社会環境として作用したことで、暗黙裡に自然環境が保持されてきた。

自分たちをとりまく社会環境の下で、生活原理＝地域の伝統としての踊りや歌などが盛り込まれた四季折々の祭事を通じ、地域の生き方が伝承されてきたのである。祭事の多くが、神事として、豊作をもたらした自然のありがたさを称えるものであった。それが、いまでは、祭事を受け継ぐのが困難となっている。他地域からのボランティアの助けを借り、なんとか祭事＝神事を続ける地域も見受けられる。高齢化と過疎化で、祭事が映像のなかだけに、あるいは、民俗学者や文化人類学者のフィールドノートの中にしか残されていない場合もある。

高齢化による消滅自治体問題が語られるようになった現在よりも半世紀以上前に、生涯の仕事のように日本各地を歩いた民俗学者の宮本常一は、すでに廃村になった事例を取り上げていた。しかしながら、宮本は、なにがなんでも古いものをすべて残すべしとしたわけではない。それはきわめて困難であるし、つねに正しいことではないとも論じた。重要なのは祭事に託された生活原理を、どのようにして地域の無形資源・

資産として現代に受け継ぐかである。それこそが宮本民俗学の核心であり、そこに伝統の継承問題の難しさがある。

2

経済学原理では、資源の制約性という前提が忘れられ、その効率的利用が考察対象となってきた。現代の大量生産・大量消費・大量廃棄の経済社会の下では、「足るを知る」の生活原理は打ち捨てられてきた。経済学者は経済成長のメカニズムを論じても、消費や投資の中身や意義について語ることは少ない。政治家であり、ケインズ研究家のロバート・スキデルスキー（一九三九〜）は「足るを知る」論を説く数少ない経済学者の一人である。スキデルスキーの考え方を、江戸期の二宮尊徳（一七八七〜一八五六）の現代版と言ってしまえばそれまでであるが、その考え方を紹介しておこう。

スキデルスキーは、『どれほどあれば足るのか？』（邦訳『じゅうぶん豊かで、貧しい社会―理念なき資本主義の末路―』）で、哲学者―数学者―のバートランド・ラッセル（一八七二〜一九七〇）が、かつて論じた労働時間と社会の豊かさとの関係について、同種の関心を寄せてきた。スキデルスキーは、ラッセルの時代よりはるかに機械化・自動化が進展することで、多くの産業分野で労働生産性が格段に向上した現在の状況を取り上げている。技術進歩による生産性の著しい上昇は、同じ産出量、あるいは、多少増加した産出量を前提とすれば、労働時間を短縮させるはずである。しかし、現状は否である。経済成長が自己目的化した社会(*)では、豊かさが労働時間の短縮で評価されない。この状況を、スキデルスキーはつぎのように指摘する。

「この問題に健全に取り組む第一歩は、稀少性を欲望（wants）と対比させて考えるのではなく、必要

(needs)に対比させることだ。……問題は、万事を金銭価値に換算する競争経済では、もっと欲しがれ、欲しがれと圧力がかかり続けることだ。経済学者が唱える『稀少性』にしても、この圧力の人為的な産物となってきている。どうしても必要なものを基準に考える限り、先進国の住人が乏しさの中で暮らしているとは言い難い。むしろ、非常な豊かさの中にいる。……こうした状況では、政策を始めとする共同体の指針は、人生の善きもの、たとえば、健康、尊敬、友情、余暇がすべての人に行き渡るような経済運営を目的とすべきである。経済成長はそうした政策の余録とみなすべきで、目的とすべきものではない。

時が経つにつれ、この方針転換は経済学に対する人々の姿勢にも影響を与えずにおくまい。時間の使い方を最大限に効率化することは、しだいに重要性を失っていくだろう。」(村井章子訳)

*これには国民文化上の相違もある。スキデルスキーは「アメリカのような移民社会では、富を築くことが成功の王道とみなされてきた。一方、階級社会の伝統を受け継ぐヨーロッパでは、最上層と最下層では金儲けの機会が限られており、その結果として金儲けを軽蔑する人生観が生まれた。……こうした文化のちがいは、税制、社会福祉、労働市場といった各国独自の制度に組み込まれ、またそうした制度によって一段と強化される」と指摘する。スキデルスキー前掲書。

一定水準を超えた経済成長は、自然環境に大きな負の影響を与え、最終的に社会の持続性に制約を課す。環境重視の経済学者で、「スモール・イズ・ビューティフル」で象徴化された小規模単位の経済活動や分権システムに着目し、原発依存からの脱却と自然エネルギーの重要性を早くから説いてきたエルンスト・シューマッハー(一九一一〜七七)の主張と、スキデルスキーの主張は重なる。しかし、環境問題を最優先させれば、眼前の課題がすぐに解決できるとは限らない。ケインズ研究者のスキデルスキーは、まずはケインズの資本主義観を修正し、政府の役割をケインズ以上に強調して解決の方途を探る。

「ケインズの誤りは、資本主義の下で自由に行われるようになった利益追求はゆたかになれば自ずと終息し、人々は文明的な生活の実りを享受するようになる、と考えたことにある。そう考えたのは、自然な欲望には決まった量があるとみていたためだ。ケインズは、資本主義が欲望創出の新たな原動力となり、習慣や良識による伝統的な抑制が働かなくなることを予測できなかった。……資本主義は富の創出に関しては途方もなく成果を収めたが、その富の賢い活用という点では、私たちは無能なままだ。」

スキデルスキーは金儲けゲーム化した資本主義には一定のルールが必要であると、もっぱら効用(*)重視の経済学に異を唱える。「二〇世紀に入ると、経済学者は自分たちの学問に心や精神といったものが関わることを不快に感じるようになる。……行動に表れた選好だけが問題にされ、心の状態は言及されない」と。概して、多くの人は、経済科学＝経済学に中立的な分析手法だけを期待する。しかし中立性を装っても、行動科学とならざるを得ない経済学は、人びとの社会行動の前提となる価値観から独立して存在しえない。

*経済学においては、消費者が財やサービスの価値の尺度でもある。Utility は効用と訳されてきた。日本語の語感では、この用語はいまでもすっきりしない訳語ではあるまいか。満足度といったほうが妥当かもしれない。いずれにせよ、消費者が個々の財（商品）の購入を通じて感じる効用は、趣向や必要性においてそれぞれ異なるため、消費者の効用計測は必ずしも簡単ではない。
　従来からの効用理論では、消費者の選好は効用関数で表される。この効用関数の考え方は、英国のジャボンズ（一八三五～八二）、オーストリアのメンガー（一八四〇～一九二一）、フランスのワルラス（一八三四～一九一〇）が一八七〇年代にほぼ同時代的に発展させたものである。彼らは財の価値を効用におき、そこに限界理論―限界効用論―を持ち込んだ。

スキデルスキーは、経済成長を悪とするのではなく、経済成長がもたらす善なるものへ注意を十二分に払った上で、経済活動を「幸福」という基本的価値から改めてとらえなおす、「よい暮らしを形成（*）」できる「幸福経済学」の重要性を強調する。これはガンジー（一八六九〜一九四八）が苦難の実践行動を通じて、説き続けた「幸福の経済学」にも通じる。

＊スキデルスキーは、「よい暮らし」の基本的価値として、①健康、②安定、③尊敬、④人格または自己の確立、⑤自然との調和、⑥友情、⑦余暇、を挙げている。スキデルスキー前掲書。

そして、「幸福の経済学」の確立のために、「終わりなき競争」＝強制的パターナリズム（*）から解き放たれた「非強制的なパターナリズム」を重視する。彼はこの立場を「基本的価値を高めるために国家権力を行使してもよいが、それは個人が大切にする価値を損なわない場合に限られる立場である。したがって私たちは、強制的な施策よりも非強制的な施策をつねに優先する。……いやむしろ、平均的にみれば個人の選択の自由を増やすような施策になっている」と説明する。

＊親と子、支配者と被支配者などさまざまな主体間の関係に用いられ、保護・統制に関する温情主義を指す。この関係は単に外部支配によるものではなく、むしろ、外部強制をともなわない温情的な関係の構築によって、支配・非支配の関係を構築させるイデオロギーでもある。

だが、施策＝制度というのは、法律などによる強制である。スキデルスキーのいう個人の選択自由を許容する非強制的な施策論は具体的ではない。たとえば、非強制的な「強制」には、税控除などの制度がある。その場合、すべての者が事前に制度適用対象となるのではなく、事後的に制度を利用した者だけに適用される。また、制度の導入で労働時間を強制的に減らせても、余暇時間の拡大を政府が強制的に国民に強いることはできない。

労働時間削減のために、政府が法律で祝祭日を制定し自由時間を増やしても、その時間を余暇に使うかどうかは国民の選択意思である。法律などの強制的手段ではなく、余暇を重視する社会的価値観の浸透こそが、非強制的な施策だとすると、政府による文化振興など間接的な政策が必要となる。もっとも、余暇は労働時間の長短に反比例するものであり、労働生産性の上昇が賃金水準の引き上げと労働時間の短縮に反映されなければ、必ずしも余暇拡大には結び付かない。また、労働生産性の上昇は製造業でこそ実感されやすいが、低賃金依存のサービス業では困難な側面もある。

いまでは、生産工程の自動化により、労働生産性の上昇を達成し、製造業での生産力は顕著に拡大した。その分、工場から送りだされる膨大な商品は、消費されなければならない。そのため、小売業やサービス業に対する消費促進圧力は大きい。なかでも、広告サービス業には過重な負担がかかる。消費を促す「終わりなき競争」の経済の下で、「必要（needs）」と「欲望（wants）」の乖離は大きくなる。そのため、人びとに必要とするものを問うよりも、人びとの欲望そのものを煽る。

かつては、地域資源による生産と消費に、自ら制限がかかり、必要と欲望は均衡しやすかった。それが、いまでは、地域をはるかに超えた範囲から資源が調達され、生産も消費も顔の見える範囲からグローバル化され、顔の見えない範囲に広がった。そこでは、自らの制限とはどの程度かがわかりづらくなった。スキデルスキーが「どれほどあれば足るのか？」と問いかけを行った理由の過半も、そこにある。彼は、最後に行き過ぎた欲望刺激産業としての広告業へ大きな不信感を投げかけた。同時に、しかもきわめて唐突的に、彼は抜本的解決策として、「足るを知る」＝基本的価値の普及を教育に求めた。だが、現在、教育そのものもまた、コマーシャリズムの波に足元をすくわれてきた。

3

「どれほどあれば足るのか?」論、あるいは「足るを知る」論を、スキデルスキーの経済成長見直し論に引き寄せて、「経済成長文化」を再考することは別段新しいことでもない。日本でも高度経済成長の頃、経済成長モデルが盛んに論じられた。この時期は反成長論としての公害論が展開され始めた頃でもあった。果たして、いつまで高度成長が続くのか、なぜ、高度成長が可能となっているのか、が探られた。その時、俎上に上がったモデルの一つに、英国の経済学者でスキデルスキーと同様に、ケインズ理論に取り組んだロイ・ハロッド(一九〇〇~七八)のモデル(*)がある。

*ケインズの『雇用・利子および貨幣の一般理論』(一九三六年、いわゆる『一般理論』)の完全雇用均衡モデルを動学化したモデルである。同時期に、ポーランド生まれの米国の経済学者エヴセイ・ドーマー(一九一四~九七)も同様のモデルを示した。このことからハロッド・ドーマーモデルとも呼ばれた。

ハロッドは、経済成長率についてつぎの三つの概念を提示した。

(一)適正成長率―市場で需要と供給が一致している状況が、今後も続くことが保証されている場合の経済成長率である。

(二)自然成長率―技術進歩や人口(労働力)増によって、最大限可能な経済成長率である。

(三)現実成長率―実際に達成される経済成長率である。

ハロッドは、この三つの経済成長率の間にみられる関係をつぎのようとらえた。

（A）適正成長率が自然成長率を上回る―この場合、現実成長率は下降し、不況状態が長期化することが想定される。

（B）適正成長率が自然成長率を下回る―現実成長率は長期間にわたり上昇するものの、現実成長率が適正成長率を上回るようになれば、景気はやがて下降することが想定される。

ハロッド・モデルでは、現実成長率が適正成長率により制約を受ける。

さて、経済学者や政策担当者―政治家も含め―が好況ととらえていても、人びとが不況と感じることがある。人びとは、政府が四半期ごとに発表する経済成長率の数字によって景況を意識するが、同時に、自分たちの生活感覚や周囲の人びととの比較において景況を感じる。バブル崩壊後の日本経済の「失われた二〇年論」で、人びとの長期不況感が強かったのは、生活実感のなかで、数字と実態とのかい離があったと考えられる。

現実成長率が自然成長率や適正成長率を下回っていると「感じた」ことで、人びとは現状を長期不況と「感じて」いた。この種の不況感（観）こそが個人（家計）の貯蓄意識を高め、消費を控えさせた。この傾向が企業の投資意欲にも大きな影響を及ぼした。

ハロッド・モデルによって景気だけを論じれば、経済成長路線への復帰には、自然成長率をいかに高めるかがポイントとなる。問題は自然成長率を構成する重要要素である人口動態である。ハロッドやドーマーに限らず、多くの経済成長モデルは技術進歩に加え、人口動態、とりわけ、人口増加率を重視してきた。その点からいえば、日本経済にとって、人口減少は明らかに自然成長率を押し下げる方向に働く。日本経済における「イノベーション」の重要性が、いままで以上に強調されるようになった理由の過半はこのあたりにある。

文化と社会資本

1

「イノベーション」は、それを促す社会のあり方など社会資本との関連性で、論じられる。社会資本は、社会的間接資本とか社会的共通資本ともいわれる、公共投資によるストック資本である。具体的には、産業基盤－インフラストラクチャー－としての道路、鉄道、港湾、空港、通信、治山・治水、干拓地、漁港、農道・林道などに加え、生活基盤施設としての上下水道、公営住宅、公園・緑地－災害時の避難空間としても－、病院、公的研究所や大学などである。

社会資本の「社会」の意味は、特定個人や企業にではなく、社会的・広域的に便益（public interest）が行き渡ることである。経済学者の宇沢弘文（一九二八～二〇一四）は、『社会的共通資本』で社会資本＝社会的共通資本について、「一つの国ないし特定の地域に住むすべての人々が、ゆたかな経済生活を営み、すぐれた文化を展開し、人間的に魅力ある社会を持続的、安定的に維持することを可能にするような社会的装置」ととらえ、そのあるべき姿をつぎのように規定する。

「社会的共通資本は、たとえ私有ないしは私的管理が認められているような希少資源から構成されていたとしても、社会全体にとって共通の財産として、社会的な基準にしたがって管理・運営される。社会的共通資本はこのように、純粋な意味における私的な資本ないしは希少資源と対置されるが、その具体的な構成は先験的あるいは論理的基準にしたがって決められるものではなく、あくまでも、それぞれの国ないし地域の自然的、歴史的、文化的、社会的、経済的、技術的諸要因に依存して、政治的なプロセスを経て決められるものである。」

宇沢の定義では、社会的共通資本とは私的所有のものであっても、社会全体の「共通」財産として管理・運営されるべきものであり、具体的な構成は一律的なものではなく、それぞれの社会の価値観に応じて決定される。宇沢は、社会的共通資本をつぎの三つの範疇に整理した。

(一)自然環境―大気、水、森林、河川、湖沼、海洋、沿岸湿地帯、土壌など
(二)社会的インフラストラクチャー―道路、交通機関、上下水道、電力・ガスなど
(三)制度資本―教育、医療、金融、司法、行政などの制度

宇沢のいう社会的(共通)資本の範疇では、「文化」はどこに位置するのか。結論から言えば、社会資本としての「文化」は(一)(二)(三)に横断的な性格をもち、(一)(二)(三)すべてを包摂する。しかし、現実社会では、(二)を最重視するあまり、(二)が(一)と(三)に対してつねに優越した。宇沢はこのギャップに問題の本質をとらえた。宇沢の考え方は、「スモール・イズ・ビューティフル」で自然環境と経済との調和を訴えたエルンスト・フリードリッヒ・シューマッハーや、シューマッハーの考えを実践する学校を主催するサティッシュ・クマール(一九三六〜)と同時代性を持っている。そして今日、この考え方は重要性を増してきている。

僧侶のクマールは『君あり、故に我あり―依存の宣言―』で、一九六八年のシューマッハーとの出会いを振り返り、「私は『仏教経済学』(*)についてのシューマッハーの論文を読んで、これこそ英知と道理が一体と

なった声だ、と考えた。この論文は私に、ホーリスティック（全体論的）思想は東洋だけのものではなく、また合理的な思考も西洋だけのものではない、と思わせた。フリッツ・シューマッハーといるのは、ヴィノーバ（**）やガンジーのような東洋の賢人といるのと同じ感覚を与えたが、シューマッハーは西洋の知的伝統に深く根ざしているのだった」と述べた。クマールは、シューマッハーの基本的な考え方をつぎのように紹介している。

「シューマッハーは、人間が真に必要とするものは限られているという考え方に基づいた素朴さの文化を提唱した。人間が真に必要とするものは満たされなければならず、満たすことが可能である。しかし、貪欲や欲望は際限がなく、満たされることはあり得ない。金持ちは欲望を追求し、貧乏人は必要を満たそうとする。

シューマッハー的思考の文脈では、貧しさは問題ではない。富裕こそ問題であり、貧しさは解決方法なのだ。問題なのは貧しさではなく、社会の不公正、人間の搾取、財力を誇示するための消費、そして自然からの略奪行為である。これらを持続させているのは富めるものであり、富裕な人々は常に、あたかも貧しい人々が問題であるかのように話し、私たちの関心をそらしてきたのだった。」（尾関訳）

ガンジー経済学の流れを汲むクマールは、「金持であることは社会的地位を示すなどということが私たちの関心事ならば、そのような考え方は私たちの行動や生き方を堕落させる。もし関心事が、創造性、人間関係、美と美学、芸術と文化、共同体と精神性などであるなら、お金はさほど重要でなくなる」とも指摘する。わたしたちは、見える資産である道路や交通機関などの社会的インフラストラクチャーや、電力やガスなどの生活基盤を重視し、見えない資産としての文化や教育を重要な社会資本として意識してこなかったのだ。

＊シューマッハーは自らが提示した「仏教経済学」について持論を展開するが、それはガンジーの考え方とも共通する。

＊＊ヴィノーバ・バーヴェ（一八九五～一九八二）は、インドのガンジー主義者で土地改革に取り組んだ。クマールは一九五七年にケーララ州に彼を訪ねている。

2

商品の消費が人びとの欲望喚起によって促進されても、それは永久に続かない。自動車や家電製品が毎年、モデルチェンジされる必要性は、はたしてあるのだろうか。それまでの技術を一変させるようなイノベーションは、実際のところ数十年に一度あるかないかである。しかしながら、毎年、市場に登場する商品には必ずといってよいほど、「新たな」とか「革新的な」という接頭辞がつく。「新たな」が連発される市場は、すでに商品市場として飽和状況にある。

そのためすでに飽和状態にある商品ではなく、それにかかわるサービス需要の喚起に躍起になる。企業のマーケティング戦略はそのようなものだ。しかし、商品そのものが飽和化しているなかでは、それに関するサービスもやがて飽和状況になる。サービス市場の飽和化は、消費者に新たな対象物を求めさせる、あの手この手の取り組みを生んできた。資本主義経済は、すべてのものを商品化し、そして貨幣化＝市場化させて止まない。

商品化が貨幣化を前提にする以上、その関心事は商品化の対象となるモノやコトがどれだけカネを稼ぎ出すかになる。ありとあらゆるものを商品化＝貨幣化させて止まない市場経済は、芸術をもまたその対象とする。昨今では芸術―いまではアートという言い方がより一般的となった―によるまちおこしが、過疎化対策として日本各地で行われる。その地で芸術作品を展示することで、多くの人を集める経済効果が期待される。

ビエンナーレ―隔年制の芸術祭・美術展覧会―は、イタリアのベネチアではすでに一世紀以上の歴史をもつ。第二次大戦後では、フランスのパリやブラジルのサンパウロでビエンナーレがある。三年ごとのトリエンナーレや四年ごとのクアドリナーレもある。

今日、版画であれば東京ビエンナーレ、デザインではミラノのトリエンナーレが世界的によく知られるようになった。ミラノの場合、ミラノファッションというイメージとデザインは重なり合うが、東京と版画―浮世絵も版画といえば版画で、多くの浮世絵師がいた江戸＝東京といえないこともないが―の関係は明確ではない。

他方、日本では、香川県直島や新潟県十日町市を中心とするトリエンナーレの開催が、観光客の集客増という経済効果の点で注目され、同様の効果を期待して他地域の模倣行動も増えた。

東京、パリ、ミラノなど大都市ではなく、いわゆる田舎で開催される、新潟県十日町市を中心とする妻有トリエンナーレにふれておこう。トリエンナーレ開催の中心となって働いてきた北川フラムは、その歩みを記録した『美術は地域をひらく―大地の芸術祭一〇の思想―』(*)で、妻有トリエンナーレ開催の背景をつぎのように述べている。

「大地の芸術祭はもともと美術展（美術フェスティバル）として構想されたものではない。雪深い山間地で刻苦の土地を拓いて農業をやってきた人びとが、都市発展による若者の流失のあと、貿易の犠牲になり『農業を止めろ』と言われ、『減反をすればお金をあげる』と言われ、次に、『効率が悪いから街に出てこい』と言われる。結果、過疎高齢化により、その地は衰退する。都市と田舎のアンバランスが、（国）土を弱くするという致命的な問題だけではない。その地で生きている人びとの生きる尊厳を奪っている。……これにもまして（都会に長年住んできた私から見て）驚くべきことは、生業をやっていけないことに対する自らの誇りの喪失感であった。……その誇りをもてなくなることの喪失感がこれほどのものかと私は越後妻有で初めて実感した。」

＊北川フラムは、縄文文化の里でもある越後妻里―十日町市と津南町―の気候をつぎのように紹介する。「日本海側の気候は、冬季の多雪を特徴とする。……越後妻里はその地形的条件から特に雪が多く、平均積雪二・四M、標高の高い集落では最大積雪が四Mを超すことも珍しくもなく、人口七万人規模の地域では世界一の豪雪地帯とされる。」北川フラム『美術は地域をひらく―大地の芸術祭一〇の思想―』現代企画室（二〇一四年）。

北川は妻有で、棚田、杉板の壁、空き家や廃校などを作品化した国内外のアーティストたちの仕事の意義について、「そこでの生活を讃える彼らの仕事は、地元の人びとに誇りを呼び戻し、来園者に感動を与えて行ったのだった。この時、作品はまさに美術として、自然や文明と人間の関係を明らかにするものとして完成したのである。それは美術史の延長としてよりも、個々の表現としてよりも、生活の記録と実際のなかから立ち浮かんでくる時空間をもつ場の力を伝えてくれるものとして、さらにまた自然の現れとしての人間一人ひとりの生理として感じられていたように思う」と指摘する。

この指摘はあらためて、美術の本来のもつ力の本質を言い当てている。もっとも、平成一二［二〇〇〇］年に開催された第一回「大地の芸術祭」のときから、美術のもつ力が理解されていたわけではなかった。北川の「発見」→「学習」→「交流」→「協働」という美術観は、それまで多くの人たちに共有されていた、美術館で非日常的な感覚で美術作品を鑑賞するという美術観とは、大いに異なったものだったろう。北川自身も、この点にふれ、つぎのように妻有トリエンナーレを回顧している。

「つまりアートは人びとの日常とは一線を画すもの、自立した孤高なものという不文律を少し外したいという意識である。また、アートというものは西欧の流行、美術史上の流れだけが重要なのではなく、世界同時的に混在するものであり……（中略）同時代性を確保するため、私がやってきたことはふたつある。ひとつは版画を売るということ。……とにかくいろいろな人たちに、同時代のアーティストと共犯関係になってもらう。……もうひとつの目論見は、すばらしい作品こそが美術館やギャラリーに閉じ込めず、公の場所に出していくということ、つまり、パブリックアートである。」

興味深いのは、妻有の場で展示された作品そのものではなく、芸術祭開催に向けてのさまざまな人たちの「パブリック」に関わる「共犯性」と「協働」を通じ、刺激的なアートが生み出される可能性である。観る人たちの意識の中に、「発見」→「学習」→「交流」の循環が生まれたことが、地域にとって大きかった。北川が、妻有トリエンナーレの実践を通じて、「アートは他者を繋ぐ媒体だ。それには可能な限り異なった人がよい」と主張したのもそのためであろう。

3

もちろん、思いやボランティア精神だけで、妻有トリエンナーレが続いてきたわけではない。北川は、前掲書で、第一回（二〇〇〇年）から第五回（二〇一四年）までの予算額や新潟県への経済波及効果の数字を、つぎのように紹介している。

	作品数	来場者数	全体事業費	鑑賞パスポート販売枚数	経済波及効果
第一回	一五三点	約一六・三万人	約四・八億円	約三・〇万枚	約一二八億円
第二回	二二〇点	約二〇・五万人	約四・三億円	約二・九万枚	約一四〇億円
第三回	三三四点	約三四・九万人	約六・七億円	約六・三万枚	約五六八億円
第四回	三六五点	約三七・五万人	約五・八億円	約四・九万枚	約三五六億円
第五回	三六七点	約四八・九万人	約四・九億円	約五・六万枚	約四六五億円

（備考）展示数には恒久設置作品を含む。開催については寄付・協賛金もある。鑑賞パスポート販売のほかに個別作品鑑賞券もあるが、パスポートと比べればわずかである。

経済波及効果の内訳は建設投資と消費支出であり、第一回から第五回の構成比をみておくと、順に七九％対二一％、九一％対九％、二三％対七七％、五％対九五％、八％対九二％となっている。当初はインフラ整備が大きな比率を占めたものの、その後は、投資の波及経済効果も出始め、来場者数の増加が宿泊や物品サービスの拡大につながった。平成二七［二〇一五］年の第六回には、三五の国と地域から約三五〇組のアーティストが参加し、三八〇点の作品―そのうち、約二〇〇点が恒久作品―が展示された。北川は、「人間と自然、都市と地方、死者や他者との交歓」で、少子高齢化、農業不振に苦しむ十日町市を中心とした地域の芸術祭について、つぎのように述べている（『公式ガイドブック・大地の芸術祭―越後妻有アートトリエンナーレ二〇一五』所収）。

「ここで私は、政治の話しをしたいわけではない。ただ、『地域』をフィールドにする以上、アートプロジェクトは政治的な枠組みの中で進めざるをえないことを確認しておきたいだけなのだ。最近まことしやかに語られる『ふるさと創生』も、合併の行われた一〇年前と同根のもので、キャッチフレーズが『地方分権』から『観光』に変わっただけに思える。……『地方』は常に国策と大企業の犠牲、調整として利用され続けている。客寄せとにぎわいづくりの観光地として目を付けられているだけの気がして、どうにもやり切れない。」

芸術祭を通じて北川が主張したのは、野外作品や屋内作品を観ることで、訪れる人たちが直観的に地域の抱える問題を感じることであった。「大地の芸術祭は見る展覧会というよりは、体感する旅であった。それは作品に媒介された人の生活、里山を通して時間と空間を巡る旅だったように、それゆえ、職業・世代・年齢・国を超えた人々の共感を得てきたのではなかったか」と振り返ったのもそのためだろう。北川はさらに第六回(*)テーマの意義についてつぎのように説いた。

「第六回を迎え、芸術祭は二〇〇〇回を超える説明会でも理解されえなかった初回開催当初とは違っている。ここでの『美術』はまさに、自然と人間とのかかわり合いを示す、人間の創作の術として展開された。そして地球環境と経済の仕組みの危機、人間存在の軽い時代にあって、美術がもつ希望のように評価されはじめている。しかし、そうだろうか。私たちはいまだに排他的である。あまりに近視眼的である。中央や大きな声に流されやすい。今、ひとたび原点にかえって人間と自然、都市と地方、死者や他者と交歓する祭りを、準備したいと思う。」

＊第六回「大地の芸術祭」は二〇一五年七月二六日から九月一三日まで開催されたが、新潟市内各所では「水と土の芸術祭」二〇一五年が、七月一八日から一〇月一二日まで開催された。アート展示数は六九作品であった。同芸術祭は新潟市（市長が実行委員長）が中心となり、テーマは「私たちはどこから来て、どこへ行くのか―新潟の水と土から、過去と現在を

見つめ、未来を考える—」であった。共催者は「東アジア文化都市二〇一五新潟市」実行委員会となっている。同芸術祭は文化庁の「文化芸術による地域活性化・国際発信推進事業」などからの助成金を得ている。

「大地の芸術祭」が、一部の人たちの孤軍奮闘から紆余曲折をへて、次第に知られるようになり、芸術祭市場が形成され、その経済効果が目に見えるかたちとなったことで、模倣行動を呼び込んだことになる。問題と課題は、そのようにして、各地で芸術祭による地域活性化が安易に模倣されることで、結果として地域間競争を引き寄せることである。このことは、かつての工業団地造成競争とその結果がどうであったかを思い起こさせる。

農業も含め、産業の空洞化と人口流出に苦しむ地域にとり、芸術家を招聘し空き家や廃校に芸術作品—いわゆる現代アート—を展示すれば、即、まちおこしが可能とあれば物事は簡単である。しかし、人口流出に対抗して、一時的に人＝観光客を呼び込むことはできても、定住人口を増やすことは容易ではない。この点については、大地の芸術祭に関係する地域で、ボランティアを務める地元の関係者からも聞いた。観光客や外部からの若者のボランティアによって一時的な人口増があっても、彼らを呼び込み定住させることのできる経済基盤、とりわけ、農業以外の地元産業がなければ、持続的な取り組みは困難だ。

地域振興は市場競争と同様で、他地域との競争のなかで、外部から人を呼び込み続けるには、自分たちのイメージ再生に継続的に資本を投入しつづけなければならない。地域経済振興に関わる問題の本質は単純だが、その解決経路は実際には複雑である。アーティストによるアート振興は、わたしたちの内発文化となりうるのか。さらには、はたして将来において社会資本となるのだろうか。現在も、試行錯誤はさまざまな地域で続いている。

文化と地域社会

1

文化というあいまいなものを人びとの記録にとどめておくには、文化の核となる何かが時間を超えて継承されなければならない。それは単に博物館において、文化を過去のものとして鑑賞することではない。欧州の博物館にはアジアやアフリカなどの少数民族の踊りや儀式の映像アーカイブスが残っている。映像アーカイブスで気づくのは、衣装や装身具を身につけ踊る当時の村人たちの姿だ。踊り手を取り囲む村人たちが、宗主国の持ち込んだ衣服などを身につけている姿がそこにある。

現在では、観光イベントとして踊りや儀式が行われても、それは人びとの日常生活からすれば非日常的な光景である。文化が、人びとの日常生活を通じて受け継がれなければ、文化としてのダイナミズムは失われる。人びとは日常を「はたらく・いきる」のである。その「はたらく」営みは、地域で人びとが従事する産業のあり方に大きく関連してきた。先にみたビエンナーレやトリエンナーレの地域経済効果を否定するのではないが、地域の「はたらく・いきる」と、どの程度の連動性をもつかで、持続性が決定されることを再確認しておく。

農業と農村の文化が密接な関係を有するのはそのためである。日本の農村文化は、ヨーロッパあたりの牧畜文化とは大いに異なる。日本の風土の下で発達した稲作文化と共同体の密接な関係の中で、共同体維持のために祭が継承されてきたことは、多くの民俗学者が明らかにしている。元来の祭は、現在の観光化した祭とは異なり、自分たちの地域のアイデンティティー維持のための生活イベントであった。それぞれの地域で、自給自足経済―地元で生活用品も自活―を維持し、お互いが密接な関係をもってきたことの反映であった。実際に、自給自足せざるをえなかったのは、宮本常一も指摘したように、日本での陸上交通が未発達であったことによる。現在では交通網の発達や、情報通信技術の発達によって、これまでの文化と生活が、容易に分離されてしまった。改めて文化と地域社会の関係の再構築が問われている。

2

繰り返しになるが、文化と地域社会の関係をとりもつ重要な媒介は、それぞれの地域にある、いわゆる文化財である。そして、文化財を保存し、生かすのが博物館の役割である。もちろん、博物館の役目は単に文化財を保存するだけではない。博物館とは、まずはもって、自分たちの地域の歴史や文化をより深く知る場であり、自分たちの文化がどのように形成されてきたかを自覚し、これから先の歴史と文化をつくっていくうえで拠り所となる人材を育成する場である。歴史学者の笹本正治も、『地域おこしと文化財』で、博物館を地域の人づくりの場としてとらえる一人である。笹本はつぎのように指摘する。

「人づくりのための場が博物館です。博物館は決して古い物の陳列室でなく、見学者一人一人が自らを問い、ふるさとを確認することができる、教育施設です。本来、博物館は学校や図書館と同じ教育施設なのです。現状の博物館がややもすると観光施設に成り下がっているのは、その意義を教育せず、考えさせる展示になっていないからでしょう。」

多くの人は、学校で世界史や日本史を学んでも、自分たちの生活地域について学んだ経験は少ない。(*) 社会教育機関としての博物館の役割は、地域の歴史について、文化財などを通して学ぶ場の提供である。このことがどこかに打ち捨てられ、まちづくりの一環として、観光客を呼び込む役割だけが、強調されるケースも多くなっている。長い目でみた場合、それがはたして地域の発展につながるのだろうか。

＊博物館の役割を規定している法律には「博物館法」（昭和二六［一九五一］年、法律二八五号）がある。同法は社会教育についての昭和二四［一九四九］年制定の「社会教育法」（法律二〇七号）に基づき、博物館の設置と運営などを定めている。同法第一条（法律の目的）では、博物館に「国民の教育、学術及び文化の発展に寄与すること」を求めた。
博物館の具体的定義は第二条にある。「『博物館』とは、歴史、芸術、産業、自然科学等に関する資料を収集し、保管（育成を含む、以下同じ。）し、展示して教育配慮の下に一般公衆の利用に供し、その教養、調査研究、レクリエーション等に資するために必要な事業を行い、あわせてこれらの資料に関する調査研究をすることを目的とする機関（社会教育法による公民館及び図書館法（昭和二五年法律第一一八号）による図書館を除く。）のうち、地方公共団体、一般社団法人若しくは一般財団法人、宗教法人又は政令で定めるその他の法人（独立行政法人……）」とされた。

笹本もこの点にふれ、博物館の本来的な役割をつぎのように位置付けている。

（一）地域社会の文化の創造機関―単に地域の独自文化を継承するのではなく、伝承したうえでさらに育てていくこと。
（二）地域に根ざした生涯学習の場―観光客ではなく、そこに住む人たちがもっとも訪れ学習する場であること。

いま、少子高齢化や過疎化への対応策として観光振興が強く意識され、観光業の経済効果に期待したまちづくりが各地で展開する。観光客は消費者と同様につねに新しい何かを求め、移り気である。その移り気を引き留めるには、たとえば、ディズニーランドのように毎年新しいイベントが必要となる。しかし、まちづくりにディズニーランド手法は応用できないし、博物館をディズニーランド化させることもままならない。

まちづくりとは本来、住む人たちが、自分たちの地域に誇りをもち、暮らしやすい真に豊かな生活環境を築くことである。住民の暮らしぶりを観光ではなく、自分たちの学びのために訪れる人たちが増えることで、地域の文化創造もすすんでいくに違いない。笹本は、地域の文化創造に熱心に取り組む長野県高遠町の試みをつぎのように紹介する。

「歴史博物館も信州高遠美術館も、本来、入場する対象者は町民でなくてはいけません。……町民が学んでいる町、生涯学習をしているところ、……これらの施設は住民が楽しみながら学ぶ場所、生涯学習の拠点なのです。（中略）……町づくりは観光客のためにあるのではないのです。住民がいかにしたら暮らしやすく、誇りに満ちて、豊かに生きる町になるかが勝負です。なんといっても住民がみんな仲よく、安全に暮らせることが第一です。そして住んでいる人たちがいつもにこやかな顔で、住んでいることが楽しくてならない、というようでなければいけません。」

この指摘には強く共感する。博物館は、建物の豪華さや観光客を惹きつけるシンボル性が存立基盤ではなく、保有文化財を活用し、地域住民に魅力的な学習プログラムを地道に提供できるかが、より本質的な存立基盤なのである。この役割を忘れた博物館に明るい未来はない。

3

そのような役割をもつ博物館が、地域の町並みや文化財と全く切り離された存在だとすれば、地域を今後どのように創造的につくりあげていけるだろうか。博物館と地域との関わりを、互恵的かつ創造的につくりあげる必要がある。

昨今、江戸の風情を残す地域として着目されてきた埼玉県川越市を、とりあげておこう。川越は、江戸期には徳川幕府親藩・譜代の川越藩の城下町として発展してきた。川越市史を振り返れば、明治維新後の廃藩置県で川越藩は川越県となり、その後、中央政府の地方行政区画の見直し方針の下で入間県―多摩郡の一部を含む―となった。明治六［一八七三］年には入間県は群馬県と合併し、県庁所在地も川越から熊谷に移されたものの、三年後には熊谷県が廃止され、武蔵一三郡と合併して、埼玉県となる。

大正一一［一九二二］年には川越町と仙波村が合併し、埼玉県で、最初の市制が施行された地域―人口は三万人を超えた―となった。その後、川越市は昭和一四［一九三九］年の市町村合併運動の下で田面沢村と合併、戦後は昭和三〇［一九五五］年に近隣の九か村を合併した。戦前の合併による市制施行の祝賀会は、旧川越町役場の前を中心に行われ、人びとが「祝市制」の山車(*)を引き回し、市内では商店が屋号の入った提灯が掲げ、夜には役所にもイルミネーションが点灯されたことが、当時の写真に鮮明に残っている。

＊山車は毎年一〇月の川越氷川神社の祭礼―川越氷川祭（川越祭）―の際に使用される。川越祭は平成一七［二〇〇五］年に国の重要無形民俗文化財に指定されている。山車のうち古い一〇本は埼玉県の有形民俗文化財に、仲町と六軒町の保有する山車の中で行われるお囃子は同県の無形民俗文化財に指定されている。

現在、川越市の観光スポットとされる蔵造の町並みのなかにそびえ立つ「時の鐘」―約一六メートルの高さ―は、江戸期の風情を伝える。この鐘楼は、度重なる火事で何度も焼失し、その都度、建て替えられてきた。現在は四代目であり、明治半ばの川越大火の後に設置された。「時の鐘」は戦前にも川越市の「産業要覧」の表紙デザインとして利用されたが、頻繁に利用されるようになったのは、敗戦後の混乱期が終わり、人びとが観光などに興味をもちだしたころからである。江戸の城下町の風情を残す町並み(*)といっても、計画的に文化財として保護され、観光資源として維持されてきたわけではない。地区によっては蔵造や町屋の大半が建て替わり、古い建造物が実際には点在している。町並み保存にも紆余曲折があった。

*酒井重忠（一五四九～一六一七）が、川越藩の城主として入場したころの川越は未だ寒村であり、他地域から商人を迎え入れ町屋を建てさせ、城下町としての町並みの整備を進めたものの、大火で城や町屋などが焼失したりしている。その後、半世紀にわたって城主であった松平信綱（一五九六～一六六二）が、城下町の整備を勢力的に進めた。その時に、「時の鐘」もつくり直された。江戸末期の川越は町屋が六〇〇軒を超え、門前町にも多くの建物があった。

日本の町の歴史的形成をみると、寺社中心の寺内町は別として、多くの中核都市は、概して戦国武将がつくりあげた城下町にルーツをもつ。この場合、城―天守閣、藩主の住居、藩の政庁屋敷―に近い区画に重臣の住居を配し、それを取り囲んで中級武士と町人、その外側に下級武士、町屋が配された。海運・水運が中心の江戸期の物流システムの下では、海側や運河などに町人の蔵屋敷街が形成された(*)。城を中心とする町並みは、幕藩体制の下で意外に画一的であった。

*交通手段の発達や鉄道の敷設によって物流システムが変わることにより、かつての米穀・織物取引を中心とした商人やその蔵屋敷の立地上のメリットが失われることになり、町並みは時代の大きな変化の波に洗われることになる。河川の舟運に依拠してきた川越の場合、明治二二［一八八九］年の甲武鉄道、大正三［一九一四］年の東上鉄道、昭和一五［一九四〇］年の国鉄川越線の開通によって物流が大きく変わっていった。

城郭中心のまちも、明治維新後の城郭の取り潰しなどにより、町並みが計画的なゾーンニング規制などで守られてきたとは言い難い。第二次大戦下の米軍による容赦ない空爆によって、完全に焼失したところも多い。歴史をもつ町並みを「面」とすると、個々の建物などは「点」である。日本の都市で「面」を形成する地域は少なく、ややもすると、「点」が多い現状で、どのようにして「点」からかつての「面」を思い起こさせることができるのか。そこに博物館の大きな役割もある。

4

町並みの個々の建物、とりわけ、商家は地元産業の栄枯盛衰に翻弄され、転売あるいは転業のために取り壊され、建て替えられてきた。結果、歯が抜けるようにして、かつての町並みの姿は大きく変化してきた。これは各地の博物館に残る古地図や写真からもわかる。単に都市計画を立て、建物利用に規制をかけるゾーニングの設定だけでは、町並みを生きた歴史的文化財として後世に伝えることは容易ではない。

日本での都市計画についてふれておく必要がある。明治維新の混乱から社会的安定を取り戻しつつあった明治半ばに、首都―帝都―東京に市区改正条例が公布された。だが、当時の財政規模では、一部の中心地に都市インフラの整備が行われたにすぎなかった。人口急増の東京で人口集中がもたらす問題の解決のため都市計画の必要性が高まった。大正八［一九一九］年に「都市計画法」―土地区画制度などの導入―と「市街地建築物法」―建物の配置や構造の規準による建築規制―が制定された。

「都市計画法」は、用途や役割別にゾーニングを定め、場合により土地区画整理を行い、都市インフラの整備を進めた。この試みでは、都市計画対象とする区域が一部にとどまり、乱開発へ抑制効果を発揮したとは言い難かった。四年後に、関東を大震災が襲った。そこで、東京（帝都）復興を目的とした「特別都市計画法」が制定され、道路、橋梁、河川の整備に加え、防災を意識した幹線街路や公園などが整備された。

都市計画研究者の日端康雄は、日本の「都市計画法」の底流にある都市計画思想について、『都市計画の世界史』で「この経験とその後の第二次世界大戦後の戦災復興および高度成長期の郊外地の土地区画整理事業の経験は、その後のわが国の都市計画の運用に事業中心主義の偏重をもたらし、土地利用規制などはあまり重視されなかった」と指摘する。事業中心主義は、経済的効率性のメリットだけを重視するフロー主義に陥りやすい。

他方、ストック重視主義の土地利用規制は軽視される。現実に、フロー主義の市街地利用とストック主義の歴史的地区保全のバランスをいかにはかるのか。日端は、欧州や米国で、地域を近代建築だけで埋めるのではなく、地区のもつ「場所性を評価して、歴史、文化を保全、再生し、景観の質を高めること」が重視されてきたことを強調し、つぎのように都市のもつ多様性を取り入れた都市計画思想の重要性を指摘する。

「歴史のある都市には過去の文明が積層された空間がある。世界の大都市の多くは古代、中世、近代、さらには現代文明の四層が積み重なっている。近代と現代の都市の積層部分には、人間的感覚から見て貧しい空間もあるが、こうした都市の歴史的積み重ねは多様性の重要な要素の一つである。

近代都市計画の画一性、規格性を超えて、さまざまな角度から真に多様性のある都市をつくりだすことが、これからの都市計画の課題である。」

川越市のケースにもどっておく。当初「都市計画法」と「市街地建築物法」は、東京や大阪など当時の六大都市に実質適用されただけであった。その後、大正一二［一九二三］年には県庁所在地などの中核都市へ、昭和八［一九三三］年には都市全般に適用された。川越市は、昭和になって埼玉県で「都市計画法」が適用された最初の都市である。実際には、川越市はこれに先立って、大正一三〔一九二四〕年から都市計画委員会を設け、耕地整理事業、下水道や道路の整備、運河の開削、工場誘致の計画案を進めつつあった。その後、鉄道や道路の整備、人口増による住宅建設などにより、川越市の景観は変化を続けた。

現在、多くの観光客が訪れる「時の鐘」（鐘楼堂）を中心とする「江戸の風情が残る」地区の町並みの変化を、当時の写真でみると、昭和戦前期には、道の両側に電柱が立てられているものの、周囲に高い新しい建物は立っておらず、黒い屋根瓦がつづく。人びとは徒歩で行き交い、商人は自転車で荷を運んでいた。昭和四〇年代前半までの写真ではやや新しい建物も見られるが、周囲とは調和している。その後、「時の鐘」の高さを上回るコンクリートのビルが建ち始め、かつての「面」として江戸の風情を残すといわれた町並みは、「線」のそれへと変貌してしまった。

5

川越市の例からもわかるように、人びとの現実の生活がある限り、一度失われた「面」としての町並みを、元のように復元するのは困難である。多くの地域では、「点」となった景観を、せめて「線」としてのそれへと復元する努力が積み重ねられている。

新潟県村上市でも、さまざまな試みが行われてきた。村上藩の城下町から発展してきた村上市―戦後、二回の周辺地域の合併―は、城跡と周辺の武家屋敷、商人町の町屋や寺町を残してきた地方都市であった。村上市でも、高度経済成長時代に自動車交通の増加による道路拡幅などの計画が持ち上がり、商売か町屋保存かをめぐり関係者間の利害が対立した。町屋保存の調和ある発展＝町おこし運動を夫とともに起こしたメンバーの一人でもある吉川美貴は、『町屋と人形さまの町おこし―地域活性化成功の秘訣―』で、当時の状況をつぎのように伝えている。

「村上市の方針としても『観光文化都市』を標榜しておりました。武家町においては武家屋敷の保存や修復・移築等に力が注がれ、また武家町の文化である生垣の再生等は行われておりました。ところが、一方、町人町の町屋はというと、保存や修復はおろか文化的価値など認められていませんでした。そこになんと道路拡幅を伴う大規模な近代化計画（区画整理事業）が持ち上がったのです。

道路拡幅とは、建設省（当時）が昭和三十年代に打ち出した全国一律の都市計画で、当時村上でもこれを基に道路計画が作られ、道路拡幅による弊害が分かってきた現在でも、昔と変わらず進められている事業です。既に着手された地区では、例外なくかつての町屋は取り潰され、村上の風情は消えていました。近代化されて昔のたたずまいがなくなるというのに、城下町らしさを前面にうたう『観光文化都市』とは、似ても似つかぬ分裂した政策でした。」

吉川たちは、全国一律の商店街(＊)スタイルとなったアーケードを外し、自分たちの店舗の外観を昔のような構えに戻し、内部もかつての座売りスタイルに改装していった。いわば「点」としての活動がはじめられた。やがて、この動きを少しずつ拡大させ、「線」としての町並みの復活が進んでいった。「線」としての町並みになれば、訪れる人は町屋の姿を実体験できる。

＊旧城下町の町屋＝商店のほとんどが、第二次大戦後に形成された商店街であり、「シャッター通り」問題として一律に論じることはできない。戦後、都市への人口流入によって、住宅街が形成されたことにより、交通の至便な地区に家族経営の都市自営業層として、特定商品を扱う商店が創設され、やがて異なる商品を扱う商店が商店街を形成していった。その後、

政府も個別商店ではなく、商店街形成を制度的に後押しすることになる。昭和三七［一九六二］年には、「商店街振興組合法」が施行されている。アーケード建設が行われたのもこのころからであった。

一方、長い歴史をもつ町屋は、その間に扱い商品も変わることがあったが、その地で営業を続けてきたところが多い。新たな商店が立地することは、さほど多くなかったことで、比較的こぢんまりとした範囲のなかで商圏が成立してきた。とはいえ、町屋も商店街も、立地地域の人口減少や郊外のショッピングセンターの影響に加え、後継者難などを受け、いまでは全国各地の商店街で廃業者が増加し、シャッター通り問題を抱えている。歯抜けのようになった商店街にあって、品ぞろえの低下による魅力が低下するなかで、比較的立地のよい角地では、品ぞろえで自己完結的なコンビニエンスストアーへの鞍替えも進んだ。

他方、村上市のように、郊外へとつながる道路整備が遅れた地域では、道路拡幅によるモータリーゼーションへの対応と消費者の取り込みが重視され、道路拡幅か町並み保存かの論争が起こったケースも多かった。この場合の論点は、町並みやそれに応じた昔ながらの道路幅を他の商店街にはない歴史的資産＝文化資本と積極的にみなして、他地域との差別化による地域づくりに生かせるかどうかである。

平成一二［二〇〇〇］年には、それぞれの家に眠っている人形を、町屋のなかに展示する人形まつりを行った。訪れる人たちが、住人たちとの交流を通して村上を深く知るだけではなく、村上の人たちが郷土の文化を改めて認識できた素晴らしい機会となった、という。多くの人たちが内外から訪れたことで経済効果—物品サービスの消費—もあった。このこともあって、町づくりが行政や商工会議所など関係者の関心を呼び起こした。村上市の人たちも、自分たちの地域ストックとして、文化資本—町並みや町の雰囲気、人形など隠れた文化財—の重要性に気づいた。三月の人形まつりの継続とともに、各家で引き継いできた屏風を展示する「町屋の屏風まつり」が、九月のイベントとして企画され、現在も継承されている。吉川は、村上での取り組みの成功要因をつぎのように整理している。

（一）展示物の芸術性の高さ―各町屋に展示された屏風であれ、道具類であれ、「古い年代の物は時とともに風化してきた何とも言えない味があり、現代の物と比べて匠の技に裏打ちされた、手間暇かけた時間と汗の結晶……個々の家で大切に受け継がれてきた時間的経緯が作り上げた味……」があること。

（二）人とのふれあい―「それぞれの町屋には住人がおり、この人たちが説明役に出てきてくれました。……大量生産・大量消費型の既に人々が飽き足りている観光ではなく、まさに一人一人が大切にされ感動でき、そこで予想外のものに出会う可能性に満ちた旅の原点がここにある」こと。

（三）ほどよい「ボリューム感」と「バリエーション感」―「（人形まつりについては―引用者注）参加店六十数軒という量感であり、……様々の種類の人形（庶民的なものから、お殿様からの拝領品まで）があるという幅広さです。また古くは江戸のものから新しくは平成のものまで、比較として人形の変遷……」がみられること。

（四）見学が無料であること―無料という気安さがあったこと。

とはいえ、各地を比較し得る観光客を何度も惹きつけるには、同じイベントを開催するにしても、毎回、何がしかの工夫を付け加える必要がある。地域の様々な人たちや機関とのコラボレーションも必要となる。この点、村上では実に毎回いろいろな試みが行われてきている。面白い試みとしては、「黒壁プロジェクト」―「一枚千円運動」―がある。狙いは「町屋を再発見し、町屋を執拗に唱えながら、人々の意識が目覚めたところで、今度は村上全体の歴史的景観の整備に人々の意識が向くような仕掛けづくり」にあったという。

だれでも黒壁一枚分に千円を負担して、自分たちで壁をつくり、ペンキを塗る。これは子供たちや地域の幅広い年齢層の人たちが参加することで、景観についての共通認識を形成する教育の場ともなる。

吉川は商店街のあり方とも関連させて、それぞれの商店が文化の担い手であると意識することが、自分たちの町並みの重要性に気づくことであるとする。

「個店の文化の結晶が町の個性であり、町の豊かさでもあり、それはイコール地域文化であるのです。例えば、町が衰退して造り酒屋がなくなれば、孫町の酒の文化が消え、染物屋がなくなれば染物文化が消え、工芸品の木彫り堆朱店がなくなれば独自の漆器文化が消えてしまうのです。中央商店街が、また町が衰退するというのはまさしく地域文化の一翼を担ったこのような大切な個店が一軒、二軒となくなることであり、それはその町独自の文化が消えていくということに直結します。町が元気ではじめて、他にない町の個性、文化が守り伝えられていくのです。」

町並みも含め、ストックとしての歴史文化が現在にそして将来へと継承されるには、それを支える担い手の属する産業の活性化に加え、担い手たちとそこに生活する住民たちのつながりというフローが必要である。このようなフロー面での取り組みが、時間を超える新たなストックとなりうることを、村上市の事例は示唆している。

第二章　ストックの概念

1　経済学での概念

「フロー」とか「ストック」という概念は、経済分析にもっぱら使われる。自国経済を中心にその豊かさを語るときに、「フロー」を用いるのか、あるいは、「ストック」を用いるのか。二つの尺度をどのように用いるのかにより、豊かさの範囲と内容は、当然ながら異なる。

「フロー」は、家計や企業の会計年度での収入の多寡を示す指標となる。他方、「ストック」は、現時点のフローのなかで、当期の消費のために支出されない、毎年の累積額の指標となる。つまり、フローは消費に関連し、フローのなかで消費されず投資されたものがストック―たとえば、設備投資など―である。ストックは将来のフローを生み出す源泉となる。豊かさの点では、フローは一時点の消費支出での豊かさを示す。他方、ストックは将来の豊かさを示唆する。この見方に対して、フローのみの多寡を豊かさの第一基準とし、ストックを豊かさの第二基準とみなす見方もある。

「フロー」と「ストック」の関係を探れば、フローは一過性であるが、ストックはフローを生み出す持続性を示唆する。「フロー→ストック→フロー」や「ストック→フロー→ストック」という循環もある。フローとストックとの関係性は、経済の循環的な動きをとらえる有効な概念となる。

フローと並んで、ストック概念は経済学で多用されてきた。たとえば、「ストック化」といえば、家計、企業、政府などが所有する「資産」の残高の増加を示す。この文脈で「ストック効果」といえば、家計、企業、政府の保有資産が経済全体に与える影響を指し、「ストック経済」といえば、資産効果が大きな経済あるいはその構造である。この場合、資産とは株式や社債など金融資産のほかに、建物や土地など動産・不動産も含む。(*)

*会計学は、期間損益を表す損益計算書はフロー、一定時点での資産を表す貸借対照表はストックという考え方に基づく。

資産のうち、金融資産―ストックは株式も意味する―は利子や配当だけではなく、値上がりの資本利得―キャピタルゲイン―を生み、保有者のフローとしての所得が増加し、再投資や消費によって経済全体が影響を受ける。建物や土地は単に賃貸料だけではなく、上昇価格で売買されることで、資本利得の経済効果を生む。このようにストック経済は、資産の価格変動の影響を受けやすい。

資産の価格変動は物価変動に連動する。財やサービスの価格上昇が、人びとの消費や投資面の行動に影響を及ぼし、インフレーションが進行すれば土地など実物資産への投資を促す。デフレーションの場合は逆である。バブル経済は、銀行預金が低金利で、株式や債券、あるいは土地への投資を促し、そうした投資熱が株式、債券や土地の売買を促したことで生み出された。経済学でのストック概念は、個人財産をインフレーションの経済変動に対し「保全」し、さらには値上がり益をもたらす。

ところで、景気判断のストック調整は、企業の設備投資行動に関連する。供給側の企業の設備面での資本ストックと、需要側の家計や政府などの消費面での過不足が、景気に大きな関連をもつ。景気判断で、在庫調整とともにストック調整が重視されるのもこのためである。また、流通面での在庫調整というストックの取り崩しがなければ、フローの生産は停滞する。在庫調整が景気判断の重要な指標とされるのはこのためだ。

2

このように、フローとストックは経済学の基本的分析概念とされてきた。再度整理しておこう。

（一）フロー―国民所得、投資額、貯蓄額、消費額

（二）ストック―国富、資本形成、労働力

この概念は、経営学、とりわけ、会計学の財務諸表論での貸借対照表に引き継がれてきた。借方欄には流動資産と固定資産が計上され、貸方欄には資産の調達内容を示す流動負債と固定負債、資本が計上される。これらは企業のストック面である。企業経営のフロー面を示すのは損益計算書である。

一国経済ではフロー面を示すのが国民所得勘定（計算）である。一国経済の資産と負債を示すストック面の動きは、国民貸借対照表で示す。財・サービスの生産と消費である実物経済よりもはるかに金融取引の比重が大きくなった現代経済では、ストックとしての金融資産負債残高と日々繰り返される金融取引額の動き

が、ますます重要な指標となる。情報通信技術（ICT, Information and Communication Technology）の著しい発達により、高速で瞬時のコンピュータ間金融取引―デリバティブや異なる通貨間の交換も含め―をフローとして正確に把握することは困難である。一定期間の経過のあとで把握できるストックと、短期間に頻繁に繰り返される金融取引のフローとの乖離は、現在では、かなり大きい。

貨幣のストックとフローの関係については、米国の統計学者であり経済学者のアービング・フィッシャー（一八六七〜一九四七）が、およそいまから一〇〇年前に発表した『貨幣の購買力』（一九一一年刊行）で、貨幣数量説を示している。つぎのようなフロー面の恒等式である。

P（物価）×T（財の取引量）＝M（貨幣数量）×V（貨幣の流通速度）

この恒等式では、物価（P）はつぎのようにあらわされる。

P（物価）＝M（貨幣数量）×V（貨幣の流通速度）／T（財の取引量）

この関係に従えば、経済政策的に物価上昇を抑制するには、いわゆるマネーサプライ＝M（貨幣数量）を制限するか、消費を控えさせ、貨幣のV（流通速度）を低下させればよい。しかし、フィッシャーの時代と異なり、現在では、電子決済や実質上の準貨幣といった決済手段の多様化で、貨幣そのものの実質的な概念も変わってきた。マネーサプライのコントロールは必ずしも容易ではない。

フロー分析としてのフィッシャーの恒等式とストック分析との関係については、アルフレッド・マーシャル（一八四二〜一九二四）が、『貨幣、信用と商業』（一九二三年）において、国民総生産（国民所得）と物価水準や貨幣数量との関係のなかで示した。マーシャルは、ストックとして貨幣を手元におこうとする人びとの選好性の考え方―貨幣の保有選好性―を経済学に持ち込んだ。いわゆるマーシャルのKである。つぎのように定義された。

K＝M（貨幣数量）／P（物価）×Y（国民所得）

フィッシャーが物価変動を経済活動のフロー面でとらえたのに対し、マーシャルは、フローとしての経済活動がストックとしての貨幣の保有選好＝人びと貯蓄行動によって影響を受けることを示した。マーシャルの関係式では、フローとストックの概念は、貨幣の動き＝人びとの消費・貯蓄行動において交差する。人びとは日々の生活に必要な手元の現金を残し、銀行に預ける（＝貯金）―実際には貯金のほかに、株式、社債や公債というかたちの選択肢もある―ことになる。

この考え方の下では、貯金や株式、社債、公債を購入するかは、銀行の利子率により決定される。銀行利子率は、銀行の企業―設備資金、運転資金―や、家計―住宅ローンなど―への貸付率との関係の中で設定される。この見方の背景に、「貸付資金説（資金需給説）」がある。他方、利子率は、貨幣に対する需要と供給によって決定されるとする「流動性選好説」も主張された。前者がフロー説、後者がストック説に対応する。

フローとストックの経済学では、人びとの「はたらく・いきる」（＝生産と消費）活動において、生産と消費を媒介する貨幣の動きに着目してきた。かつての自給自足経済では、人びとがはたらくことによって得た財は、自分たちの地域で消費され、余ったものはそのまま貯蔵され経済活動は完結した。その後、保存技術や輸送手段の発達の下、余剰生産物ができると、他地域と交換するようになり、それぞれの地域の経済活動が広域化した。決済手段としての貨幣もまた、それに応じて流通した。

貨幣の機能は交換手段だけではない。それは退蔵（＝貯蓄）され、貸し出され、それにより利子率が決定される。利子率によって消費・貯蓄・投資の動向が決定される。経済と貨幣との関係は、フィッシャーやマーシャルの後、ジョン・メイナード・ケインズ（一八八三〜一九四六）の『雇用・利子および貨幣の一般理論』（一九三六年）や、ジョン・ヒックス（一九〇四〜八九）の『価値と資本』（一九三九年）によってさらに探られていく。背景に、富の蓄積―ストック―が、進んだものの、それがフローとしての経済成長＝雇用創出に結びつかない現実があった。

このように、経済学の分析概念としてフローとストックとの関係が問われてきたが、それはもっぱら貨幣や金融資産を対象としていた。ストック概念は貨幣化されないものを対象としていない。人びとは貨幣のみで行動するわけではないにもかかわらず、貨幣というかたちで実体化されないものにはきわめて鈍感である。その代表が、自然というストックへの鈍感さである。

自然とストック

1

自然というストックは貨幣というフローさえあれば、いつでも再生できるものではない。一方、自然を手つかずのままにして、生活に必要な資源を得ることは実質上困難である。そこに、経済と倫理の対立が生じる。その解決を経済活動の全面否定―環境保護主義―や、全面肯定―成長至上主義―で済ませるわけにはいかない。環境経済学が生まれたのも当然である。この課題に対して、前述のスキデルスキーたちは、生態学（エコロジー）(*)の登場に絡ませて、経済と倫理の関係を問いかけた。

＊生態学や環境保護・自然保護運動と訳される。人間を含む生物とそれらを取り巻く環境との相互関係として生態系を研究

する学問分野である。専門分野別には対象となる環境の場によって、河川生態学や陸水生態学などがある。商品やアートなどにエコロジーが冠されるようになるのは、一九八〇年代からである。

マーケティングでは、地球の生態環境の保護を重視し、資源節約を示唆するエコロジカル・マーケティング、環境マーケティングやグリーン・マーケティングという用語がつかわれるようになった。エコロジカル・アートでは、反原発運動や環境保護を主題とするいわゆるコンセプチュアル・アートなども登場した。さらに、一九九〇年に入って、「自然や環境にやさしい」というキャッチフレーズの下でエコロジー・ファッションが登場する。自然の色を強調したアースカラーや、染料を草木染に変えたり、動物保護から毛皮を使用しないデザインなどが流行したりした。

スキデルスキーたちは、『どれほどあれば足るのか？』（邦訳『じゅうぶん豊かで貧しい社会―理念なき資本主義の末路―』）で、つぎのように指摘する。

「一九六〇年代までは、テクノロジーに対する激越な批判は学生や芸術家や知識人のごく一部にとどまっていたが、やがて二つの出来事がテクノロジー批判を主流に押し上げた。一つは生態学の誕生である。……殺虫剤の濫用に警鐘を鳴らしたレイチェル・カーソンの『沈黙の春』（一九六二年）が大きな反響を呼び、その後の思想に多大な影響を与えた。……一九六八年には人口学者のポール・エリック(*)の『人口爆弾』、続いて七二年にはローマ・クラブ(**)による『成長の限界』、続いて七二年には経済学者のエルンスト・フリードリッヒ・シューマッハーの『スモールイズビューティフル』が出版された。環境保護主義のこうした新しい思想的潮流は、いくらか過激な色合いを残しつつも、あくまで産業社会の長期的な『持続可能性』という現実に即した目標を掲げており、産業との決別は視野に入っていない。産業を敵視する考えになじめなかった実際的な人々にとって、これは意義のある考え方だった。」（村井章子訳）

＊ポール・エリック（一九三二〜）—米国のエコロジスト・人口学者。スタンフォード大学生物科学部教授を務めた。『人口爆弾』（The Population Bomb）で人口増加が深刻な飢餓問題を生み出すことを警告したことで、大きな反響を呼んだ。

＊＊イタリアのオリベッティ社の会長アウレリオ・ペッチェイたちが中心となって、資源や人口問題など、全地球的な問題と課題に対処するためのシンクタンクを、一九六八年にローマで設立会議したことから—正式発足はこの二年後—、ローマ・クラブと呼ばれるようになった。『成長の限界』は、米国の環境学者のデニス・メドウズたちが中心となってまとめられた。

日本でも、高度経済成長に陰りが見えたころ、負の側面である公害問題が、人びとの意識に上りはじめた。とはいえ、一九七〇年代は技術的な取り組みで公害問題は解決可能であるというある種の技術楽観主義—産業主義といってもよい—が、まだ支配的であった。自分史的にいえば、当時、化学専攻の学生であったわたしは、つぎつぎと生み出される有機化合物を、土中微生物で分化—無毒化—させ、土に戻すことを考えていた生化学に強く惹かれた。と同時に、研究者たちの技術によって、なんでも解決できるというような技術楽観主義への疑問が、自分のなかでますます大きくなっていった—これが後日、わたしを社会科学へと向かわせたのであるが—。

スキデルスキーたちは、技術楽観主義や産業実利的な環境保護運動の底流には、「倫理や美意識や宗教的な感覚が関わっていた」、そのなかで、「ディープエコロジー」派と「シャローエコロジー」派の軋轢があったと分析する。そして、一九七〇年代以来の軋轢の歴史を振り返って、「環境保護運動を牽引してきたのは、いやいまも牽引しているのは、科学ではなく感情だということである。なぜ、現代の環境活動家はそれを認めようとしないのか」と批判しつつ、「環境保護主義は愚かで不快な面が多々あるとはいえ、すばらしい理想を宿している。それを認めることは、この思想の存在価値を強めこそすれ、弱めることはない」と指摘する。

要するに、自然というストックへの有益な接近方法は、シャローエコロジー派とディープエコロジー派の軋轢にみられるような二項対立的なものではなく、経済と自然との「調和」をどのように理解し達成するかにある。スキデルスキーたちは、つぎのように主張する。

「自然の価値として、人間の尺度によるものと本質的なものを両立させるもう一つの方法は、自然との調和はよい暮らしの一要素であると考えることだ。この見方でも、二つの価値を矛盾なく捉えることが可能になる。調和して暮らすのだから、自己目的のために操作することはあり得ないという点で、自然の価値は本質的である。と同時に、自然と調和する暮らしは人間にとって好ましいという意味で、人間の尺度に従っている。これはシャロー派とディープ派の正しい部分だけをとり、誤った部分を捨てた見方である。」

しかしながら、自然と経済－成長－との調和点を具体的に探ることは、抽象的な自然保護主義観からは、ほとんど不可能であるかもしれない。といって、政府の画一的な規制や、あるいは、個別経済主体－企業と家計－の自主的かつ自由な判断だけに委ねることでは達成できない。経済と自然の「調和」は、人びとの自然への理解をどの程度深めれば、負の負担を削減できるのかという相対的環境主義による試行錯誤のなかでしか探れないものなのか。スキデルスキーたちが自然重視観を育て上げる教育を重視し、次世代での取り組みに期待をかけるのも、自然と経済との調和が困難であることの傍証でもある。

2

自然と経済―正確には経済活動―との調和点は、自然の自己回復力体系の維持によって判断される。

ここで、決して忘れてはならない教訓がある。昭和三〇年代の熊本県水俣市で起きた、メチル水銀を含む工場排水の食物連鎖による水俣病は、自然と経済の調和の重要性を、多くの犠牲を通じて示してきた。経済成長と軌を一にして増え続けた化学物質は、大気汚染や水質汚染を通じ自然環境に大きな負荷を与えた。そこから始まる食物連鎖は、多くの生物、そして人類にも深刻な影響を及ぼす。

水俣病の発症の確認からおよそ一〇年後に、一つの著作が米国で発表された。生物学者のレイチェル・カーソン（一九〇七〜六四）の『沈黙の春』である。カーソンは、農薬に依存し過ぎた農業やその先にある食品産業のおぞましい未来について、野生生物の生態を通して、警鐘を鳴らした。カーソンは同書の「明日のための寓話」で、つぎのように自然環境の悪化のはなしを始めている。

「自然は、沈黙した。うす気味悪い。鳥たちは、どこへ行ってしまったのか。みんな不思議に思い、不吉な予感におびえた。……春がきたが、沈黙の春だった。いつもだったら、コマツグミ、ネコマネドリ、ハト、カケス、ミソサザイの鳴き声で春の夜は明ける。そのほかいろいろな鳥の鳴き声がひびきわたる。だが、いまはもの音一つしない。野原、森、沼地―みんな黙りこくっている。……（中略）本当にこのとおりのまちがあるわけではない。だが、多かれ少なかれこれに似たことは、合衆国でも、ほかの国でも起こっている。……アメリカでは、春がきても自然は黙りこくっている。そんな町や村がいっぱいある。いったいなぜなのか。そのわけを知りたいと思うものは、先を読まれよ。」（青葉簗一訳）

カーソンは、ＤＤＴ(*)など合成殺虫剤が他の無機物と根本的に異なるのは、「生物学的にきわめて大きな影響を及ぼす点にある」ことを、具体的な事例をもって明らかにした。化学工業の発達は、自然や生態系―むろん人類を含め―との関係を変えざるを得なかったのである。

「直接、間接的に、個別的、集合的に押し寄せる化学薬品の波をかぶってずぶぬれだ。殺虫剤などほんの一部にすぎず、いまやいたるところに入り込んでいる化学薬品は、形もなく、曖昧模糊としてとらえるすべもなく、不吉なかげを投げかける。化学薬品などに一生身をさらせばどういうことになるのか、人間のからだがいままで経験したこともない相手であれば、なんとも言えない。おそるべきことだ。……土壌、水、食糧の汚染については、いままで書いてきた。川からは魚が姿を消し、森や庭先では鳥の鳴き声もきかれない。だが、人間は？　人間は自然界の動物と違う、といくら言い張ってみても、人間も自然の一部にすぎない。私たちの世界は、すみずみまで汚染している。人間だけが安全地帯へ逃げ込めるだろうか。」

＊有機塩素系殺虫剤。融点は九〇度前後。クロロベンゼンとクロラールを、硝酸を使って反応させて作られる。一九世紀後半には合成されていたが、殺虫効果については、一九三九年にスイスの化学者たちによって確認された。その後、広く防疫、農業用殺虫剤として使われるようになったものの、残留農薬は害虫以外の生物にも強い影響を及ぼすことが知られるようになり、一九七一年以降、使用が禁止された。ＤＤＴそのものの毒性は、他の有機塩素系殺虫剤などに比べれば少ないが、生体内に残留することで、毒性が高まる。ＤＤＴ中毒として知られるようになった病状は、四肢のしびれや貧血などであり、誤用による急性中毒も起こる。

春になっても鳥が鳴かなくなる恐れ―まさにサイレント・スプリング―から、「明日のための寓話」を語ったカーソンは、『沈黙の春』の最終章「べつの道」で、今後の自然環境というわたしたちのストックのあり方について、つぎのように締めくくる。

「私たちの住んでいる地球は自分たち人間だけのものではない―この考えから出発する新しい、夢豊かな、創造的な努力には《自分たちの扱っている相手は、生命あるものなのだ》という認識が終始光りかがやいている……現代人は根源的なものに思いをいたすことができなくなってしまった。こん棒をやたらと振り回した洞窟時代の人間にくらべて少しも進歩せず、近代人は化学薬品を雨あられと生命あるものにあびせかけた。精密でもろい生命も、また奇跡的に少しのことではへこたれず、もりかえしてきて、思いもよらぬ逆襲を試みる。生命にひそむ、この不思議な力など、化学薬品をふりまく人間は考えてもみない。……《自然の征服》―これは、人間が得意になって考え出した勝手な文句にすぎない。生物学、哲学のいわゆるネアンデルタール時代にできた言葉だ。自然は、人間の生活に役立つために存在する、などと思いあがっていたのだ。……おそろしい武器を考え出してはその矛先を昆虫に向けていたが、それは、ほかならぬ私たち人間の住む地球そのものに向けられていたのだ。」

自然は、多種多様な植物や動物―微生物も含め―の連鎖と均衡＝安定の上に成立している。特定の害虫を駆除することが、時として自然の均衡を崩し、食物連鎖などを通じて、人間と自然の関係を変化させることを、わたしたちは意識しておく必要がある。カーソンは、農薬漬けの農業に警鐘を鳴らしただけではなく、土との接点を失った生活の脆さを指摘した。カーソンの著書は、有機化学全盛時代の先行きに警鐘を鳴らすものであった。

農薬を必要としない有機農法や、農薬の使用量を減らした低農薬農法の模索は、自然をストックとして利用しつつ、フロー的な生活を循環的に維持するうえで、今後も続けなければならない試みである。自然資本は有限であり、その利用には制約がある。

3

事業者として長い経験をもち、資源から環境論を展開してきた谷口正次は、『自然資本経営のすすめ』で、「自然資本」という概念を経済学に持ち込んだ嚆矢は、既述のエルンスト・シューマッハーではないかとみた。わたしにはそう言い切れる自信はない。シューマッハーがはその一人であったことは間違いない。谷口は「自然資本」を、地球上の「生物圏」とその下にある「地殻」などから定義づける。

自然資本としての「生物圏」―「森林資源や漁業資源などの生物資源から採取」した資源。「生態系を構成する動物・植物・藻類・菌類・バクテリアそして地表水と土壌」。生物学的自然資本（Biological natural capital）、生命体自然資本（Living natural capital）。

自然資本としての「地殻」―「鉱物・エネルギーから採掘」された資源。「鉱物、化石燃料、化石水、地下水など」。地質学的自然資本（Geological natural capital）、非生命体自然資本（Non–living natural capital）。

自然資本としての大気圏の空気や太陽光―その存在を忘れがちであるが、資源である。

谷口は、これら三つの範疇のほかに、「人間（the human substance）も自然資本としたシューマッハーの意を汲んで、いまも世界に自然とともに暮らす四億五〇〇〇万人の先住民族の人たちの多様な文化・伝統・叡智も付け加えたいのです」とする。自然資本へのこの見方は慧眼ではないだろうか。すなわち、自然資本としての文化―「人類が持続可能な自然とともに進化していくために消滅させてはならない自然資本」。

さらに、谷口は「自然資本」のほかに、「人工資本」(Man-made capital) と「人的資本」(Human capital) を加え三分類とすることで、それぞれの資本の位置付けが明確になるとする。

「それぞれの資本の相互関係は、自然資本を人的資本によって人工資本にかえることで経済・社会がなりたっていると考えてはどうでしょうか。経済は自然資本にはじまるというわけです。」

豊かな食の恵みをもたらすのは、土壌に生息する微生物である。わたしたちにとって有益な物質を生み出す微生物で、知られていないものは無数にある。また、快適な日常生活を支えているのは、地殻からの鉱物資源、新鮮な空気や水、そしてわたしたちの精神を支えてきた文化である。今後、これらが再生不可能となれば大きな問題である。いや、現在もすでにそのような状況にある。

カーソンやシューマッハーなどから影響をうけたハーマン・デイリーもまた、フローという成長のみにこだわる経済学の見直しを主張した経済学者の一人である。デイリーは、科学者にとって半ば自明のエントロピー視点(*)から、従来の経済学的思考の見直しを提唱し、「定常経済論」(steady state economy)」を展開してきた。

*語源的には「エネルギー」(energie)」に「変化」を意味するギリシア語の trope をつけた合成語であり、熱力学上の量単位を示す概念である。クラウジウス(一八二二〜八八)が命名した。可逆変化においては、その系が得る熱量の総和(エントロピー)は最初と最後の状態で定まり、途中の経路には依存しない。これは熱力学の第二法則でもある。情報量についてもエントロピー概念が使われる。

このエントロピーについては、天体物理学者の杉本大一郎は『エントロピー入門―地球・情報・社会への適用―』で、エントロピー概念の背景を「一八〜一九世紀の人々もエネルギー問題に直面していた。……彼らはより効率の高いエネルギーの利用法を求めた。その過程で熱と動力エネルギーとを結びつける科学として、熱力学が発展したのであった。そこでの重要な概念の一つに、エントロピーがあった」とした。杉本は、それまでのエネルギー概念の対比においてエントロピーについて「物理学にそれまでにはなかった新しいものの見方を与えた。物理学では、ふつうは保存する量に着目して理論体系が作られる。エネルギー保存則は、エネルギーが熱から仕事にその形を変えても、エネルギーの総量は増えも減りもしないことをいう。これに対し、エントロピーは一定値に留まるよりも、むしろ時間がたつと、多くの場合、増大するところにその意義がある。そしてエントロピーによって、エネルギーの質までが議論できるようになった」と指摘する。

杉本は、こうしたエントロピー概念がオーストリアの理論物理学者ボルツマン（一八四四〜一九〇六）の原子論と結びつき、統計力学を促したとして、「『あるシステム（系）を構成しているすべての要素（粒子）の振舞いが、すべて詳しく知られていることがなくても、システム全体としてのグローバルな振舞いは理解することができる』ということを示した……エントロピー概念が最も適切に応用できそうなのは、経済学と未来学、とくにエネルギーと公害の問題であろう。……エントロピーは有用な概念だから、社会科学と自然科学との交流を促す」と指摘する。

経済活動では、自然資本のなかから低エントロピーの地下資源などを取り出し利用するが、最後に高エントロピーの廃棄物を生み出す。大気は経済活動から排出される二酸化炭素などを吸収するキャパシティに限界がある。自然資本というストックは、自然に再生されるわけでは決してない。この側面を等閑に付し、フロー面からＧＤＰの成長だけを計測して経済的な「指標」と「目標」を設定すれば、社会は偏ったものとなる。環境的、あるいは社会的なコストなどを付加し再計測しなければ、最終的に「不経済」な経済成長を優先させる。わたしたちは、ストック視点からも経済計算を行う必要がある。

デイリーは「定常経済論」で、地球上の自然資本の再生産の制約性に注目し、人びとが持続的に生活を維持できる範囲で経済活動を行うべきことを主張してきた。この点について、デイリーは環境ジャーナリストの枝廣淳子との対話―『「定常経済」は可能だ！』―のなかで、「特に先進国は、まずは脱成長して規模を縮小し、持続可能な水準になってから、定常化を図る必要があります。また、『地球の扶養力』といったときに、二つの種類の資源を区別する必要があります。『再生可能な資源』と、人間の時間軸では再生できない『再生不可能な資源』です。再生不可能な資源については、今すべて使ってしまうのか、それとも未来世代と分かち合いながら使っていくのかという倫理的な問いに直面することになります」と述べた上で、定常経済＝持続可能の三つの条件を、つぎのように挙げている。

（一）「再生可能な資源」の持続可能な利用速度―「その資源の再生速度を超えない」こと。

（二）「再生不可能な資源」の持続可能な利用速度―「再生可能な資源を持続可能なペースで利用することで代用できる速度を超えない」こと。たとえば、石油については、石油利用の利益の一部を風力発電や太陽光発電の投資に振り向けることなど。

（三）「汚染物質」の持続可能な排出速度―「環境がそうした汚染物質を循環し、吸収し、無害化できる速度を上回らない」こと。たとえば、下水などを分解してくれるバクテリアなどの有機物との関係。

いずれにせよ、地球での生物圏は、さまざまなシステム間の均衡によって成立している。人間の経済活動にフローとストックの均衡がなければ、自然システムそのものの崩壊を招く。このことは、わたしたちの経済活動をすべて否定することでもなければ、市場での価格決定メカニズムの有効性を否定するものでもない。ただし、価格はその変動を通じて稀少財の使用を抑制できる反面、再生不可能な稀少財の抑制には、すぐに結びつかないため、政府による課税などの政策の実施が必要である。

では、自然資源のストックを重視することで、フロー面での経済の質を上げられるのか。途上諸国での自然資源＝原料立地の事業活動の拡大が、グローバル化のイデオロギーの下で進展してきた。現在では、成長よりも分配、所得の再分配、使い捨て消費文化から修理などメンテナンスへと、ストックを重視する経済への転換が重要となっている。

メインテナンス経済の下では、新しい機械への置き換えや、イノベーションという名の頻繁なモデルチェンジを見直すことが必要であり、そこでは労働生産性というフロー重視のマネジメントよりも、自然資本の再生産性が重視されるマネジメントがカギを握る。経済活動において自然資本が重視されるだけではなく、その再生や再生可能な資本への代替が新たなビジネスモデルとなる。今後の社会的イノベーション論で見過ごせない課題だ。

4

従来のフロー重視の経済学の見直しには、経済活動がもっぱら強者の論理によって推し進められてきたことへの反省がある。フロー重視論が強者の論理であるとすれば、自然資本などストック重視論は弱者論を形成する。この点に関し、文化人類学者の辻信一は、作家の高橋源一郎との対談集『弱さの思想―たそがれを抱きしめる―』で、福島第一原発事故(*)や東日本大震災が指し示した教訓を学ぶべきとする。自然を弱者として支配する「近代的な図式」こそ、転倒した構図ではなかったかとつぎのように指摘する。

「文明（強きもの）が自然（弱きもの）を支配する近代的な図式が、一挙に逆転して、自然の猛威を前にした人間社会の弱さ、自然に対する支配としての科学技術が孕む弱さ、自然を外部性として閉め出すことによって成り立つ経済システムの弱さ、自然と切り離されたものとしての人間の弱さなどが暴露された。

近代文明の『強さ』であったはずのものが『弱さ』へと転化したのである。」

＊福島第一原発事故については、つぎの拙著を参照のこと。寺岡寛『福島後の日本経済論』同文舘（二〇一五年）。

辻は、「近代的な社会の中で、『弱さ』と見なされてきたもの」と、「強さ」とみなされてきたものの逆転―本来はそうではないのだが―を、「逆説的な事態」＝「強さの弱さ」「弱さの強さ」として、つぎの二つの関係性のなかに見るのである。

（一）近代的な社会での「強さ」―「巨大化」・「集中化」・「大量化」・「加速化」・「複雑化」

→
←

（二）近代的な社会での「弱さ」―「スモール」（小規模性）・「スロー」（ゆっくり性）・「シンプル」（単純性）・「ローカル」（地域性）

辻たちは、強者の学問としての経営学の組織論―市場での強者を中心とする組織論的見方―にも批判的である。辻は、「『弱さ』を真ん中にした組織論は、我々が今まで知っていた組織論の逆……世界中にこうした新しい組織論がだんだん出てきて、実践されはじめている」と指摘する。もっぱらグローバル競争の下で巨大化した大企業の分析に偏した経営学にとって、弱者を取り込んだ組織論を展開する経営学が必要となっている（＊）。

中央と地方との力関係にも、弱者の組織論が考慮されなければ、地方再生など画餅だ。いや、それ以前に、自然に対してわたしたちが、強者として支配するものとして振舞ってきたことに、問題の多くが起因する。前述の谷口の指摘のように、自然資本の持続性をどのように維持するのかが、個別企業だけではなく、家計や地域社会にとっても、ますます重要になってきている。

＊詳細については、つぎの拙著を参照のこと。寺岡寛『強者論と弱者論―中小企業学の試み―』信山社（二〇一五年）。

地域社会のあり方について、谷口は、「地域レベルの自然資本経営は、地域社会にある自然、風土、文化・伝統といった自然資本を経営資源として賢く利用して豊かなコミュニティを築くことでしょう」と指摘する。課題は自然を自然資本としてとらえることはできても、地域の風土、文化、伝統といったものを自然資本として、現実の日常生活のなかでとらえることがなかなかできないことである。しかし、少子高齢化や過疎問題の深刻化によって、地域の文化をささえる担い手が減少しつつあり、多くの人びとは自分たちの祭礼や歴史などが豊かな自然資本であったことに、気づきつつある。

文化とストック

1

文化というストック、あるいは、ストックとしての文化は、地域の歴史と深い関わりをもつ。地域に何世代にもわたって継承されてきた生活習慣や、それを再確認する象徴的なイベントとしての祭り、儀礼や行事は、文化というストックを日常生活のなかで可視化させる基盤であった。文化資本論を説く政治社会学者の山本哲士は、『文化資本論―超企業・超制度革命にむけて―』で、「空間と場所の象徴的領有界に暮らす」存在である「生活者」（＊）のわたしたちは、「そこでは生活慣習や儀礼・儀式が文化の制約を受け……消費者から見れば不自由だらけの世界」に生きるとした上で、生活習慣は「場所の文化的表現であると考えるべきである」と、つぎのように積極的に評価する。

「(生活習慣は－引用者注) 暗黙の迷信的なもの、共同体的な拘束と考えるべきではない。わたしたちは歴史上、旧い慣習からの解放を実際体験することができた。これは大切な時間経験である。この解放をふまえたうえで、生活慣習・伝承文化を見直し、なかでも特に『伝統的技術の知恵』をしっかりと見直し、これからは生かしうるものとして学びとっていくことである。そこには優れた、多様な文化技術が存在している。」

＊山本は、消費者と生活者の相違は「生活技術の相違」からきていると指摘する。消費者は、「モノを所有することによって暮らしが成り立ち、男であれ女であり、同じ暮らしがユニセックスで成り立つ」一方で、生活者は、「場所／空間を領有する暮らしをする者、行為する者である」とした。つまり、消費者＝所有者、生活者＝行為者。必然、生活者の消費行動は、地域社会の社会的規範－風習や制度－などに制約を受けることになる。

この「知恵を受け継ぐ」という提案は、まちづくりの関係者にとっては抽象的に聞こえる。生活を取り巻く条件や手段が変化していくなかで、過去の生活慣習や伝承文化の何を残し、何を変えざるを得ないかは、きわめて具体的かつ日常的な問題である。たとえば、交通手段の変化がある。具体事例をみておこう。

かつては海上交通が主であり、その結節点として発達してきた広島県福山市鞆町の景観をめぐっては、江戸期以来の生活文化を残す町並みを保存するか、現在の車社会に沿ったかたちで生活インフラ(架橋)を整備するのか、長期にわたって検討が続けられ、マスコミ報道にもしばしば登場した。決着は法廷まで持ち込まれ、平成二一［二〇〇九］年一〇月の地裁判決で鞆町の景観保護運動が一挙に全国に知られた。裁判を契機に、皮肉なことに多くの観光客が、休日などに自家用車で押し掛けたことで、交通渋滞などによる生活環境のあり方がより切実に問われた。

鞆町の景観に影響を及ぼす埋め立て架橋計画をめぐる三〇年以上の住民対立をテーマに、研究を進めてきた藤井誠一郎は、『住民参加の現場と理論―鞆の浦、景観の未来―』で、生活環境の維持・改善を共通目的としつつも、地域の住民間に生じた保全と改善の対立の構図を明らかにしている。

藤井が問題点の整理を通じて明らかにしたのは、高度経済成長時代に経済活動の効率性のみが優先され、行政主導の下で、鞆町の景観や町並みに影響を及ぼす埋め立て架橋計画が進められ、結論に至るまで住民参加―町内会幹部などは除き―が十分でなかったことである。地場産業の製造業などの空洞化で、観光業の振興が叫ばれ、工業インフラ整備一辺倒の政策の見直しが各地で始まった。代わって、観光の目玉となりうる地域資源の再発見や掘り起こしが行われたのである。鞆町でも同様で、それまで、さほど顧みられることのなかった景観や町並みが貴重な文化資源であるとされ、行政が積極的に観光業振興の重要地域文化資源として再評価し始めた。

だが、藤井も繰り返し指摘しているように、文化資源をめぐる住民参加のあり方やルールなどが、観光客ではなく住民の間で、きちんと構築されてきたかが問題である。構築されなかったから問題が顕在化したのである。開発であれ保護であれ、あるいは、インフラというハード面の整備でも観光業振興のソフト面でも、つねに行政というチャンネルだけが作動するシステムこそが、問われている。藤井が、実際に生活する住民の参加のあり方を問いかけているのも、そのためである。

目に見える文化としての遺跡や建築に加えて、目に見えない文化の生活習慣や祭事・行事などについては、それらをすべてそのまま現在の生活に組み入れ、継承すべきなのか。それらを写真のなかの記憶にとどめたり、縮小模型化して博物館で展示することで、実際の文化資源を取り壊し、新しい資源を投入するのか、あるいは、それまでの文化資源をできるだけ生かすのか。文化というストックと、現在のフローとの調和を、どの程度において、図るかが問われる。鞆町の事例はこの点を象徴する。

民俗学者の宮本常一は重要民俗資料となった広島県の千代田町芸北民俗博物館の染織用具と、草木染めコレクションを例にとり、民俗文化や地方文化の保護について、つぎのように述べている（宮本常一「草木染めをたずねて」宮本常一著作集第四四巻『民衆文化と造形』所収）。

「この指定には一つの重要な意義がある。明治一〇年以降、化学染料が輸入されるまでは、日本の染料はほとんど植物を用いていたのであるが、……そういう技術がのこっていても、古い染色の資料は意外なほどのこっていない。仮にのこっているとしても、きれ端にすぎぬものが多い。千代田町の草木染めの場合は、染色の技術はほとんど忘れられている。……きれ端がのこった場合には、それが何に使われたか明らかではないが、この地のものは現在のまま残存している。……そのことによって、この地方の人々の吉凶禍福とか、美に関する観念を通じて日常生活や文化をさぐりあてることができる……つまりこれらの資料には、この地方の人々の生活が裏打ちされている。」

宮本は、資料の価値が「世間に知られてくると……こんどは骨董意識や陶器意識が出てきがちになる。……多くのすぐれた地方の有形文化が、その地方から姿を消し、それがきれぎれのものになって、都市その他の裕福な好事家に温存せられるのはこうした事情からである」とも指摘する。同時に宮本は地方の文化財について、地元の人たちなどの「気づき」運動の大切さも強調している。

「民間各家に保存されている文化財は、地方それぞれの教育委員会などで、まずはリストを作ってみるべきである……それらのリストをつくって散逸をふせぐとともに、学問的な検討を加えることが大切だと思う。これを骨董品やゲテモノにしたくないものである。中国地方をあるいて見ると、保存すべき民俗的な文化財が少なからずある。多くの場合、それが文化の上でどういう意義を持っているかに気づいている人はすくない。これに気づき、また気づかせるような運動もあったらいいのではないかと思う。」

同様に、建造物や町並みについても、そこに文化財とされるべき要素があるのかどうか、この視点がなければ、保存について積極的な取り組みが生まれてくるはずはない。骨董趣味の先に地域文化の振興などありはしない。

「何を残すのか」という課題は、文化人類学者の祖父江孝男（一九二六〜二〇一二）や米山俊直（一九三〇〜二〇〇六）、民俗学者の石毛直道（一九三七〜）も重視した。彼らと宮本常一との対談記録がある。そのなかで、当時―昭和四九［一九七四］年―の各地の民具収集の動きについての宮本の発言を受けて、祖父江はつぎのように語っている。

「何を残しておいたほうが幸福なのかが問題ですが、ただしその判定は人によって、またそのときの状況においても非常に違ってくると思うんです。例えば、私が調査に行きました宮崎県の田野町の場合、どういうものを残したらいいかとお年寄りの方がたに聞きますと、昔の祭りとか、いろいろな行事とか、敬神崇祖の念とか、モラルとかを残しておいたらいいというようなことばかりでてきて、……いまは実現不可能なようなことばかりがでてくる。……昔の伝統的なものを再評価しようという視点で聞いてみると、結局食べ物ぐらいしかでてこない。（中略）ですから、ひとつひとつの慣習などにしても、その村に残しておいてよかったかどうかということについては、なかなか判定のつきにくいものがいくらでもでてくると思うんですね。評価ということは、早急にはできないものではないかと思います。」

祖父江の発言を受けて、石毛はつぎのように応じている。

「私が感じたことでは、技術というもののうちで、博物館的な意味での保存ではなくて、人びとに直接役立つこととして伝承されうるもの、またはむしろ人びとが残したいというものは、たいへん少ないのではないかということです。一つ一つの技術というのは割りとはかないもので、……残った場合のものはだいぶ変質したものになるということです。……私は、そうした一つ一つの技術よりも、そういうことをしながら人びとが生きてきたという、人生の記録を残すほうがたいへん大事ではないかと思います。……つまり、ライフヒストリー（生活史）の物語の中に、若いころには機織りをした。養蚕をした。……何人かの人のいままでの自叙伝を聞いて、それを記録として残すといったことを考えてみたらどうだろう。」

宮本も石毛の意見に賛成し、「生活というものを中心にして、生活の立て方のなかでそういう問題をどうとらえられるか、……基礎調査と、それに伴ういろいろな援助をしてあげることから始まるのではないか。それにやっぱり、地元のリーダーという問題がでてくる」と応じている。

なんでも人材、なんでもリーダーシップといってしまえば、それまでだが、ストックとしての文化は、単に有形文化財の保存によってだけでは、現在にまで伝えることは困難なのだ。重要なのは無形文化財としての人びとの生活文化(*)の継承であり、生身の人間のライフヒストリーの記録である。それには、具体的にそれらを伝える人たちの存在が不可欠だ。

もちろん、リーダーの存在や優秀な人材次第という前に、取り組むべき課題がある。それは、地域の人びとの文化への共通の思いの醸成である。そのためには、見える文化財だけではなく、むしろ見えない文化財としての人びとの生活の営みを取り込む地域の博物館などの役割と機能が、これからはますます必要となる。この点において、博物館の役割は十分に果たされていない。それだけに、その可能性を押し広げることで地域の博物館の存在感は増す。行政の文化政策は、博物館をどのように生かすかによって大きな役割を果たしうる。わたしが各地の博物館、記念館、美術館を訪ねてみていつも感じてきたあるべき方向性だ。

＊生活文化は、生活習慣と言い換えてもよい。環境設計学の山本哲士も、『文化資本論―超企業・超制度革命を超えて―』で、つぎのように主張する。「生活習慣は、場所の意思の文化表現であると考えるべきで、暗黙の迷信的なもの、共同体の拘束と考えるべきではない。わたしたちは歴史上、旧い慣習からの解放を実際体験することができた。これは大切な時間経験である。この解放をふまえたうえで、生活慣習・伝承文化を見直し、なかでも特に『伝統技術の知恵』をしっかり見直し、これからは生かしうるものとして学びとっていくことである。そこには多様な文化技術が存在している。」

第三章　ストック経済論

1　自律性と他律性

「フロー」と「ストック」は、別視点では、所得と資産という対概念である。所得はフロー、資産はストックとされる。フローである所得は、使ってしまえばなにも残らない。それがさまざまなストックである資産に投ぜられると、それらの資産効果が所得を生む。ストックのフロー効果である。たとえば、ストックとしての株式は、フローとしての配当、ストックとしての土地や建物は、フローとしての賃料を生む。株式や土地・建物は見える資産である。

さらに、ストックを「自律性」と「他律性」から分類してみたい。すると、いくつかの本質的な点がみえる。主体性論からすれば、「自律性」とは自らの判断規準に基づく。「他律性」は他者、すなわち、法律、制度など外部的な規制によって律される。重要な論点はつぎのとおりだ。

(一)「自律性」─「自由に利用してよい」ストック、「利用することに制限を設けるべき」ストック、「利用してはいけない」ストックがあること。

(二)「他律性」─「自由に利用させてよい」ストック、「利用させることに制限を設けるべき」ストック、「利用させてはならない」ストックがあること。

「自律性」であれ、「他律性」であれ、そこには「利用して(させて)よい」、「利用に制限がある」、「利用して(させて)はならない」規準やある種の規範がある。この規準は、自然資本に対する重要な判断規準となりうる。

自然資本の再生可能性から経済学を見直してきた研究者に、ヘーゼル・ヘンダーソン(一九三三〜)がいる。経済成長が優先されつつも、石油ショックによる資源の有限性に直面していた時代にあって、ヘンダーソンは『もうひとつの未来選択を創りだす─経済学の終焉─』(邦訳『エントロピーの経済学─もうひとつの未来を創る─』一九七八年)で、つぎのように警鐘を鳴らした。

「かつては豊富だったエネルギーや原料資源を用いて蓄積された資本は、いまや社会の保持する低エントロピー(有用な仕事のための集約された可能性)の蓄えを表わすものであり、それはしだいに減少しつつある。進化論者のグレゴリー・ベイトソン(*)が明らかにしているように、資本とは、社会が新しい諸条件に適合して秩序だった転換をしていくために蓄えられた、柔軟性に富む貴重なストックなのだ。……石油会社や電力会社や基幹産業などは、低品質化し涸渇している化石燃料や原料、鉱物等の資源層から新しい供給をしぼり出そうとして、ますます大量の資本を借り入れようと企てている。」(田中幸夫・土井利彦訳)

＊グレゴリー・ベイトソン(一九〇四〜八〇)─英国生まれで、米国で活躍した文化人類学者・精神医学者である。

ヘンダーソンは、この時点で、エントロピー理論を取り込んだ「エントロピー国家」という視点から、社会のあり方に強い危惧を示していた。彼女のいう「エントロピー国家」は、「処理費用が社会の生産能力と同等か、もしくはそれ以上になってしまうまでに、複雑さと相互依存の度合が高まった段階の社会」である。技術進歩による社会の生産構造の改善が、皮肉にもさらに複雑化・高エネルギー化し、「コミュニティーの崩壊、環境の悪化といった、予想もしなかった社会的費用の以上な増大を生み出す」ことになってしまう。技術革新という効率性を高める取り組みや工夫には、プラスのイメージの背後に生じたパラドクスが常につきまとう。ヘンダーソンは「エントロピー国家の兆候は、うまくすれば私たちの心から払いのけられるということになるのかもしれない。けれども、少なくとも現在はそうなってはいない」と分析した。

彼女の警鐘から半世紀近くたって、彼女のエントロピー国家論が、わたしたちの社会にますます色濃く反映されている。エントロピー論からすれば、自然資本の再生あるいは再利用が可能なエネルギー源への転換が重要である。経済成長がもたらす物質的な限界だけではなく、わたしたちの社会的あるいは心理的な限界もある。先述した「利用させてはいけない」、「利用させることに制限を設けるべき」対象の受け入れは、従来意識の大きな改革運動である。私たちの意識改革－スキデルスキーたちの主張する教育も含め－のために法律的、制度的な規制をもたらす「他動性」を必要とする。

ヘンダーソンは「再利用できる更新性の原材料とエネルギー源－たとえば太陽熱、風力、波力、地熱、下水や廃棄物からのメタンガス発酵、樹木栽培その他の生物学的手法による生産、酵素および微生物利用のリサイクリング－に基づいた、新しい生産システムを樹立しなければならないのだ」と主張した。

現在でこそ、チェルノブイリ、スリーマイル島、福島の原発事故もあり、水力発電の再評価に加えて、風力発電、太陽光発電、地熱発電、潮力発電、バイオマス発電などへの取り組みが、各国とも盛んになってきた。だが、ヘンダーソンやシューマッハーたちは、一九七〇年代にすでにストックとしての自然資本のあり方に警鐘を鳴らしていたのである。

2

自然資本の「自律性」と「他律性」は、かつては汚染などの公害に関する「外部不経済論」と「社会的コスト論」で論じられた。たとえば、水俣病のように、自然資本の自由な利用＝自律性が、深刻な汚染を通じて第三者に疾病などをもたらし、日常の社会活動に大きな負担を強いた。そのため、個別企業などの自律的な経済活動に制限や禁止を求めることが必要となった。しかし、自主的な規制―自粛―、あるいは自主的に禁止を促すことは、必ずしも容易ではなかった。これは日本などの公害史が示すところである。

明確な規制値が示されないかぎり、自主的な規制はできない。また、規制値が示され、規制値まで生産が許容されても、汚染被害への賠償などの負担は残る。他律性による予想被害の内部経済化が、個別経済主体内で何らかのかたちで進まなければ改善へのインセンティブは減じる。そのためには、単に規制だけではなく、その程度に応じた課税、さらには必要に応じた刑罰の整備が必要である。

問題は、こうした一連の取り組みで汚染物質などをフローとして減少させても、それまでに蓄積（ストック）された汚染物質の除去については、誰がその費用を負担しかつての状況に戻すかである。外部不経済を一旦は内部経済化させることで、これからの行為を抑制することができても、それまでの行為の代償を支払うのは困難である。ここでのフローとストックの関係は単純なものではない。「自律性」における「利用してはならない」、「他律性」における「利用させてはならない」という二原則には、原子力発電を事例にとればわかるように、なかなか一筋縄ではいかない難しい問題と解決すべき課題がある。

エントロピー視点重視の立場から経済を論じるヘンダーソンの経済学で、エントロピーの少ない自然資源を利用しても、その利用を通じて排出される廃棄物や廃熱がさらに有効に利用されるわけではない。そもそも自然資源の利用には、自ら限界がある。この限界を意識せず、経済活動を成長の名目の下に「膨張」させれば、さまざまな問題が生み出される。

この問題は自然資源をリサイクルすれば、解決するわけではない。リサイクルには、さらに自然資源を必要とする。生産活動、さらに流通活動は、自然資本、とりわけエネルギーの使用と、その結果である廃棄物と廃熱への対応なくして成立しない。地球環境の均衡システムや生物的代謝への着目なくして、経済学の方向性はまずはもってみえない時代に、わたしたちは生きている。

中央集権化され、効率化のみに主眼を置く経済システムではなく、効率性は劣っても、地域の自然環境やエネルギー事情により密着することで、市場価格の他律的シグナルだけではなく、家庭や地域社会、それを取り巻く自然環境や社会環境に敏感となる。ゆえに、自律的な地域分散システムが必要となる。このことは、シューマッハーが「スモール・イズ・ビューティフル」で主張してきたことであった。そのために、わたしたちは新しい経済指標、より正確には社会経済指標の開発を必要としている。社会学者であり、社会活動家であるリーアン・アイスラー（一九三七～）は、『真の国富論―思いやりの経済学を創る―』（邦訳『ゼロから考える経済学―未来のために考えておきたいこと―』）で、経済システムについてつぎのように指摘する。

「経済システムは人間の創造物である。銀行や企業から雇用保険や社会保障まで、経済に関する制度や政策はすべて人間が考え出したものだ。私たちが当たり前のように思っている経済原則も人間の創造物である。私たちは、土の経済原則を維持し、どの経済原則を切り捨てたいのか、真の人間のニーズを満たす新たな経済原則を生み出さなければならない。……私たちは、市場を導く経済原則の変化を緊急に必要としている。」（中小路佳代子訳）

では、新たな経済原則とはどうあるべきか。アイスラーは、消費者や納税者と比べて、企業が責任を負うべき「インセンティブ」のない現状では、実行可能性の高い「環境上・社会上の責任を負う企業に対する税額控除」制度の創設を提案する。人間が考えつくりだしたものは、人間がそれを変えることができる。なお、アイスラーは「持続可能性」から経済原則を考えた「経済システム」を、「持続可能」と「持続不可能」という視点から対比している。重要な項目を紹介しておく。

持続可能でない経済システム	持続可能である経済システム
○家庭、地域社会、自然の生命維持活動による寄与を無視。	○家庭、地域社会、自然の生命維持活動による寄与を認識。
○原則や政策や慣行が、人間の発展や創造性、公平な関係、相互の責任、自然や将来世代に対する配慮を妨げる。	○原則や政策や慣行が、人間の発展や創造性、公平な関係、相互の責任、自然や将来世代に対する配慮を支援する。
○経済生産性の測定指標に、人々や自然に害を与える活動が含まれ、非市場性の絶対に不可欠な生命維持活動を含めていない。	○経済生産性の測定指標から、人々や自然に害を与える活動が除外され、非市場性の絶対に不可欠な生命維持活動は含める。

○経済構造が、最上層部への資産と権力の集中を後押しするように設計されており、最下層の人々に対する説明責任をほとんど負わない。	○経済構造が、参加型かつ公平であり、相互の説明責任と利益を支援するように設計される。
○人間のニーズと能力が搾取されることが多く、自然が使い尽くされ、汚染される。	○人間のニーズと能力が育まれ、自然の生息環境が保護される。

こうした項目はいずれも抽象的である。どのようにして、持続可能な経済システムを促すインセンティブを、政策や制度に落とし込めばよいのだろうか。国家の規模をはるかに超えた巨大多国籍企業が存在しているなかで、巨大な企業への規制制度を創設できる単独国家などありえようか。また、国家間の協力における統一的な規制制度の創設には、多くの障害がある。アイスラー自身も指摘するように、「経済の原則を変えるために不可欠なステップは、より正確な経済指標を導入する」ことである。ある種の無力感があるが、とりあえずは、そのような経済指標を知ることが人びとの意識変化の第一歩である。

多様性と自立性

1

重要なのは工業優先社会に対する意識変化であり、自然資本との関連性がもっとも密接な農業の見直しである。ただし、従来の農業とは異なる都市型工業社会における農業のあり方を見据えた取り組みが必要だ。米国の農業社会学者のトーマス・ライソン（一九四八〜二〇〇六）は、産業農業化＝大企業による集中的農業に対抗して、一九九〇年代後半から「シビック・アグリカルチャー（市民的農業）」論を展開してきた。ライソンの基本的な考え方は、地域の多様性への再認識である。彼の主張は地域の自律性の重要性に気づかせてくれる。ライソンは『シビック・アグリカルチャー―食と農を地域にとりもどす―』で、グローバル化の文脈から米国農業史を、つぎのように総括する。

「アメリカの農業の近代化と産業化が進むにつれ、農業は特定の地域に集中するようになった。……アメリカ国内の地域集中化は、グローバルな地域集中化に取って代わられるようになった。」（北野収訳）

これは、規模の経済性を通して生産する農作物をできるだけ少品目化し、労働節約的（＝熟練度不要化）かつ大規模生産（＝資本集約的）化＝機械化した農業への反省であり、そこからの脱却である。だが、現在のアメリカ式農業から、過去の家族的農業へ逆戻りなどできるものだろうか。家族経営の小規模農家の数は、米国でも減少している。大都市周辺にも「広範な種類の食料を生産する土壌や気候が存在しているにもかかわらず」、そのような豊かな土壌は使われず、食糧の生産と消費は分離されている。こうした状況で、果たして、ライソンのいうように、顔の見える農業をわたしたちは取り戻せるのだろうか。

何世代にもわたる地道な努力と知恵の積み重ねによって作られた、豊かな土壌―農業インフラ―を中心とした農業地帯は、いとも簡単に―その再興や復興には多大な時間と投資資本が必要になるにもかかわらず―ブルドーザーで工業用地、ショッピングセンター、宅地となった。これは、アメリカ型集約農業をある種の理想としてきた日本農業が行き詰まるなかで、最優良農地が工業用地に転用され、その後は工業の空洞化により商業施設に生まれ変わってきた日本の姿である。現在は、人口減少によって商業施設が行き詰まり、地域農業振興による食の安全と安心の将来像が語られている姿である。

長い道のりを歩いて、ようやく元の姿が良かったと気づくのであれば、なぜ、当初からそれに気づかなかったのか。時代の流れという大きな動きの怖さがある。いまでは、かつての農業地帯を知る世代が減り、郊外都市に育った世代の記憶からはすでに消え去ってしまった姿である。

教科書的経済学では、資本の投資効率からすれば、工業用地としての土地利用の収益性は、中短期的には農業のそれを上回る。しかし、環境重視の経済学の重要性は、カール・ポランニー（一八八六〜一九六四）の「埋め込み」(*)論が示唆するところでもある。ポランニー論がもっとも当てはまるのは、農業分野ではなかろうか。

農業は元来、家族と地域社会の文脈のなかで成立しているのであって、そこから経済的機能だけを最重要視し、農業を産業としてのみ成立させることには、前述のライソンも指摘するように「代償」がともなう。食と農の関係性は、経済学的論理だけでは割り切れない。たとえ、割り切ったとしても、そこから抜け落ちる問題と課題があまりにも多過ぎる。

＊ポランニーが『大転換』などで示した概念である。ポランニーのいう経済と社会との関係は、社会のなかに経済が「埋め込まれている」のであって、経済のなかに社会が「埋め込まれている」わけではない。わたしたちの経済は、実際には、経済原則だけで成立しているわけではない。家族、家庭、地域社会における貨幣を媒介とする交換行為がすべてでなく、互酬や贈与などがさまざまな社会的文脈のなかで行われている。

ライソンは米国農業において、不在地主化が進むことで、「労働や資本や、特定の場所（訳注・歴史的風土に根差したアイデンティティのより所としての地域であり、固有の景観、人々の社会的行為、人々にとっての『意味』を共有する存在としての地域）に深く根ざした『経営』に結びついてきた」ことを強調する。それは宮本常一が明らかにした日本農業の姿でもある。とりわけ、家族経営の農業の場合はそうだ。訳者の北野がわざわざ注を記したように、また、日本全国をくまなく歩いた宮本常一が、数多くの著作で何度も強調してきたように、そのような「場所」は、単なる生産手段の一つである土地ではない。地域とは単なる産業活動の空間ではない。それは人びとの生活の営みの集積であり、地方文化が複雑に織り込まれたような場であった。

ライソンは、米国農業史の歩みである不在地主化とグローバル化が一層進展してきた大規模なアグリビジネス企業について、「アメリカ全土で販売されているすべての食品の半分以上を占める一〇社の取締役会の席に座っているのは、わずか一三八人の人間だという。……取締役たちは株主に対してのみ責任を有している」とした上で、「アメリカと世界各地の農民にとって、生産のグローバル化は農民にとってのマーケットが非常に不安定になることを意味する」と指摘する。こうした背景の下で、ライソンは、シビック・アグリカルチャーの重要性をつぎのように整理する。

（一）地域社会の健全性と活力への多様な面での貢献―「消費者が生産者と直接的につながることによって、消費者の食と農に対するリテラシーを向上させる。……地元で生産・加工された食品にお金を費やせば、そのお金は、多国籍企業によって製造され、全国チェーンのスーパーマーケットで販売される商品に費やされるお金と比べて、幾重にも地域社会は循環するのである。」

（二）小規模農業や食品産業の振興―「地元での直販活動や地域内における食品加工や材料調達を通じて地域社会としっかり結びついた小規模な農業および食品ベンチャーこそが、市民的というコンセプトを具現している。要は、シビック・アグリカルチャーを形成し支える事業体は、それ自体が地域社会の問題解決能力の一端を担っている。」

(三) 地域の生産者たちのネットワーク化を促進―「シビック・アグリカルチャーは、地域の資源に依存し、地場市場と消費者に寄与する経済的、環境的そして社会的に持続可能の農業・食糧生産システムを発達させ、強化することへのかかわりを具現している。」

ライソンは、こうした社会的・経済的な意義をもつシビック・アグリカルチャーの経営上の特徴を、つぎのように挙げる。

(一) 市場―「国内他地域や海外の消費者に向けてではなく、地元の消費者向けの地場市場を志向」している。

(二) 生産―「高品質で高付加価値の農産物により関心があり、量(収量)や低コスト化のための実践にはあまり関心がない。」

(三) 経営規模―「労働集約的、土地集約的だが、資本集約的ではない。産業的生産者と比べて、農業事業体は経営規模と事業範囲においてかなり小規模である。」

(四) 知恵活用―「生産者はしばしば土着の土地固有の知恵に依拠し、画一的な『ベストマネジメントプラクティス』的な知識に頼らない。」

(五) 消費者とのつながり―「中間業者(卸売業者、仲買人、加工業者等)を介した間接的なつながりよりも、直接市場による消費者とのつながり」を重視する。

(一)や(五)は、ファーマーズ・マーケットのかたちをとり、米国都市の近郊、日本の道の駅(*)や農産物直売所でいまではお馴染だ。米国のみならず、日本でも、地産地消運動のもつ重要性が、食品や飲食サービス業の中小企業との関係で着目されるようになった。同時に、地産地消の場としての都市のあり方も問われてきている。とりわけ、ライソンが着目するのは都市外の近郊農業ではなく、都市内にある農業である。都市内農業ーシビック・アグリカルチャーーは、都市の景観にも大きな影響を及ぼす可能性がある。たとえば、日本では、住宅地の一角の遊休地を利用して貸農園をビジネスとして営み、農業指導サービスなどを通じて、シニア世代の取り込みを図っている若い事業家たちも出てきた。この種の動きも都市の景観に徐々に影響を与えていくに違いない。

＊平成五［一九九三］年、当時の建設省が、かつての鉄道の駅舎のように、あるいは高速道路のサービスエリアのように、一般道路に駐車場や休息施設を設けるとともに、地域情報や健康情報を提供できる施設を制度化した。当初は百か所あまりからスタートした。

2

都市の景観というのは、観光客向けの個性的な建築物や建造物で象徴されたテーマパークではない。そこに住む人びとの日々の生産や、消費など生活上の営みの積み重ねが投影されたものである。都市は、個性という町並みの連続線上にあり、多様な表現と象徴性をもった生き物のような存在である。都市政策家の田村明は、『まちづくりと景観』で、日本の都市が「美しさ」を失ってきた契機を振り返って、「日本の都市や風景がみにくくなった契機は二度あり、個性を失った時期と符合する。最初は、全く新しい西洋文明を取り入れた明治初年、もう一つは第二次大戦後だ。……問題なのは第二次大戦後である」と指摘する。田村は、同じように戦災でかつての町並みが焼失したドイツやポーランドの都市と比較して、日本では文化＝景観という価値に注目せず、「安上がりに街をつくるという方法」で戦後復興をすすめ、「景観には全く鈍感だった」として、問題点をつぎのように的確に指摘する。

「自分たちの都市の文化に誇りを持って育てていこうとする思想がない。都市美運動も復活しなかった。今度は明治期以上に無条件に外国方式を安直に取り入れたが、『まち』をつくるという考えは学ばない。幸運にも恵まれ、日本は経済的に急速に豊かになっていくが、新しい都市への理念を確立しないままに、個別の建築や道路、鉄道に投資していく、都市の全体像を考える者がいない。」

わたし自身も、地方産業調査で多くの地方都市を訪れてきた方だと思うが、日本各地のどの都市に行っても、風景に大きな差はないと感じてきた。駅前には黄色や赤など原色を使ったケバケバしい看板や、全国チェーンの店舗の画一的な町並みが続き、以前の町並みとの統一性はまるで感じられない。郊外では、全国一律の看板を背負ったショッピングセンターやショッピングモールが、かつての農地にポツンと立地している。それは、まるで新しいクラスに馴染めない転校生のようだ。だが、東京など大都市のショップが出店する自分たちの町のショッピングモールで、買い物ができる至便性は否定できない。その至便性ゆえに、各地でショッピングモールが生まれてきたわけだ。だが、それを維持するに足る購買人口の縮少とともに、ショッピンモールの整理再編も進む。田村自身は、そのような現状の根本原因に「フロー」重視と「ストック」軽視の日本経済のあり方があると、つぎのように指摘する。

「日本の経済はフロー中心。もともとGDPで計られるのは、その都市のフローだ。フローの効率を上げるには、文化的・歴史的蓄積も簡単に破壊する。一個一個の蓄積が破壊されるだけでなく、一つの異物の混入によって地区の景観という協働の価値も壊されるが、数字には現れない。フローを上げる努力をすればするほど、数字上は豊かになっても、文化的なストックを壊し貧しくなっていくという矛盾した構造によって、経済大国・日本が成立してきた。ところが都市景観は積み上げのストックで形成されるものだから、継続性のあるものが造られなければならない。」

こうしてみると、ストックは、地域固有の歴史的資産でもある。全国一律のフロー的施設などは、地域固有のものとしてストック化されにくい。しかし、地場産業の衰退や人口減少による商業活動の衰退がフローの効率を上げる動きに拍車をかけている。

それゆえに、集客効果による観光業振興に期待して、ミュージアムの建設など地域のテーマパーク化がいとも安易に進められつつある。それは、またもや疑似歴史的建造物や博物館、美術館、記念館の建設などフローの取り組みである。その場合、人が訪れるに値する景観の再現であるのか、あるいは、人が住むに値する景観の維持なのか。優先されるべきは、後者ではないだろうか。

都市の歴史としての景観は、単に視覚面に限られるものではない。感性や意識なども含めるべきである。田村は、都市景観はつぎの六つの次元＝構造を再現させたものと、とらえている。

（一）狭義の視覚的景観（丘、川、建築物、構造物、街具など）—「目で見える自然と人工の複合物で構成される」。

（二）物的に存在するが、見えない景観（地下、空中）。

（三）空間利用の動態景観（生活、人間、車、イベントなど）—「街を歩く人々や車やイベントなど生きた街の姿」。

（四）都市構造と土地利用原理（街路、鉄道、施設配置、土地利用規制など）—「見えている物的景観づくりの重要な基礎になっているもの」。

（五）法制、社会経済システムなど見えない景観（財政、経済活動、コミュニティなど）—「全く視覚的には見えないから、景観からは外れているように見えるが、やはり、目に見える景観づくりにさまざまな影響を与えている。」

（六）市民意識、ココロの景観—「直接は見えないが、景観の最も基礎になっているものだ。景観は意識されなければ、存在しないも同然だし、景観をよくしていこうという意識を市民がもつことにより、初めて景観は市民のものとなり、すぐれた個性を発揮し美しくなる。」

このうち、（一）が「生態景観」であるのに対し、（二）以下は「生活景観」や「動態景観」である。重視されるのは（六）の住民たちの「意識」である。これは短兵急に政策的に取り組むには困難な課題である。その仕組みをどのようにして作り上げるのか。画一的でないだけに、地域で、自分たちの問題と課題とを強く意識して、粘り強く取り組まなければならない。わたし自身の調査でも、成功事例を詳しくみると、十年単位の長期にわたる住民や行政との協働的で地道な取り組みの結果である。

ライソンの指摘でも、農村とは単に食料をつくる産業の場ではない。水や燃料、さらには自然素材から自分たちの日常用品もつくりだす生活の場である。また、人びとが互いに助け合い協同で働き生活する場でもある。そのような相互的かつ総合的な姿こそが、地域に相応しい景観を形作ってきた。田村は、「現代都市は便利にでき過ぎていて、住民は何もしないでひとりで生きていけるように思っている。だが、ほとんどが他力によらなくては、その日の生活もできない。その基本的な部分は、住民が協働して支えている基礎自治体だ」と指摘する。

しかしながら、地方財政の悪化の下で、そうした基礎自治体が合併により大きくなることで、人びとの住む地域への帰属意識は小さくなるというパラドックスが生じている。地域への帰属意識の希薄化で、自分たちの地域という意識の再生には多くの困難と時間がともなう。

日本の地域史において、人びとの自治意識の下に形成された自治都市は、浄土真宗の影響が強かった大阪南部、京都南部、伊勢などを除いてさほど多くはなかった。他方、欧州では、古代ローマ時代の自治都市、経済力を持ち始めた商人たちが、君主から自分たちの都市の支配権を奪取した自治都市などがあった。

こうした自治都市意識は、後にハンザ同盟(*)のような経済協力関係をつくりあげ、自分たちの独立を保持した。それに比べて、日本の自治体のほとんどは、自治都市から発展してきたとは言い難い。明治維新後の中央集権化は、自治体を中央政府の末端行政機関＝他自治体として再編成することでもあった。この関係は国の政策の運用においては、きわめて効率的な行政システムであった。反面、自治体の多様性は画一性へと、自律性は他律性へと、成功の代償を支払うことになった。

＊ハンザ同盟—北ドイツ、北海・バルト海岸のドイツ人諸都市が、一三世紀ごろから一七世紀後半まで海上交通の安全保障や商権確保のために結成した都市間経済同盟である。同盟の消滅の原因については、オランダ、英国やロシアの経済拡張によって影響を受けたことが大きい。

3

元来、都市などの景観は、どのように維持できるのか。先の六項目を、方向性からみれば、(一)→(二)→(三)→(四)→(五)→(六)は現実的ではない。むしろ、(六)から始まる逆の方向ではないだろうか。

都市のもつ歴史的固有性や文化は、象徴的な建物、モニュメントなどが形成される経緯でもある。しかしながら、町並み景観とそうしたモニュメントとの同一性は、自然に出来上がるものではあるまい。景観は、地域の人びとに多様性があったとしても、ある一定限度の統一性を維持することで形成される。統一的なデザインを基調とする公的空間を拡大させることが、人口減少により遊休化する土地の有効利用にもなりうる。

この意味では、デザインは商品などの経済価値を高めるだけの手段ではない。文化的価値を象徴化する手段にもなりうる。都市研究者の鈴木美和子も、『文化資本としてのデザイン活動―ラテンアメリカ諸国の新潮流―』で、文化資本を「有形」と「無形」の範疇に分類したうえで、フローとストックという視点からデザインをつぎのように位置づける。

「無形の文化資本であるデザイン活動は、蓄積されていけば独自のデザイン活動による文化やシステムを形成することになり、……デザインされた個々の製品（製品のデザイン）は、有形でフローの文化資本であり、これらが蓄積されていけば、現存する意匠や建築物などのストックの有形文化資本になる。」

フローとストックの双方におけるデザインは、多国籍企業の製品に対抗して地域の製品の振興に大きな役割を果たし得る。鈴木もこの点に気づいている。鈴木はデザイン＝「文化的多様性の維持」という役割を強調しつつ、「グローバリゼーションと自由化によって、特に途上国では伝統的工芸品の生産を除いて、地域の有形・無形の文化資本の活用や独自の文化的価値の創出がむずかしくなってきている」と現状を紹介する。

グローバル＝世界的、あるいは、世界的に流行する画一的文化の地域への優越性―文化的ヒエラルキーなど序列化―は、多国籍企業の圧倒的な情報発信力＝広告宣伝の影響力の下にある。重要なのは、文化資本としてのデザイン―あるいはデザイン力―を、物へと具現化して存在ととらえるのか、むしろ、人びとのさまざまな営みのプロセスに関わる考え方や思想であるとみるかである。

文化経済学者のデイヴィッド・スロスビーは、『経済学と文化』（邦訳『文化経済学入門―創造性の探求から都市再生まで―』）で、「より精査しなければならないのは……文化は物であるか、プロセスであるかということである。ここまでの定義づけでは、前者を強調してきた。誰がそれを創り、どのように使うかを誰が決定するかということより、何が文化であるかを定義した」とした上で、つぎのように指摘する。

「文化がプロセスであるかということを考慮するならば、影響を受けたり与えたりする集団間の力関係について疑問が生じてくる。そのような状況では、文化は同意や調和ではなく競争的な現象になるかもしれない。例えば、主流の文化は目的意識的に、……相互作用としての文化と言う概念は、文化は単一なものでも静止したものでもなく、進化し移り変わる、多様で多面的な現象であるという事実を強調するものである。」

この指摘は、多国籍企業のもたらす商品文化―地域によってブランド名やよりローカルな販売方法をとったとしても―を思い起こさせるとともに、地域のアイデンティティーとなる文化の再生を促す。それをより視覚的に意識させるのがデザイン力(*)ではないだろうか。

企業の事業部門縮小によって、デザイナーたちが外部に「放出」された結果、個人ベースのデザイナーも増えてきた。研究開発職などは、企業などの組織を離れると、個人で研究を継続することは容易ではない。この点、デザイナーは、むしろ会社から離れ心理的な距離を保つことで、個人と社会をつなげるデザインという分野を押し広げる可能性がある。デザインは、企業にだけ閉じ込めておくべきものではない。デザイン力とは、個人と社会との接点を象徴的に描き示すことのできる力でもある。わたしたちは、さまざまな分野のデザイナーの声に耳を傾けるべきだ。

＊「デザイナー」の西村佳哲は、デザインの背景にある日本とイタリアの国民性あるいは考え方について、日本＝会社内の仕事、イタリア＝個人の裁量による仕事ととらえ、その方向性と社会的規範の相違を論じている。西村は、「自分の仕事をつくる」で、「(デザインの）スタイルが最も極端化した国が日本。そして同じく近代デザインを発展させながら、日本の対角線上に位置しているのが、僕の知る限りイタリアという国である。……イタリアは、無数の中小企業で構成された共和国で……フィアットやオリベッティなどを例外に、社員数が三〇〇人を超える企業はめずらしく、ほとんどの会社は社員五名とか、多くて数十名の中小企業。世界的に有名な照明器具メーカーが、わずか一五名で運営されていたりする」と前置きしたうえで、両国のデザイナーの特徴をつぎのように指摘する。

「小規模な製造ないしアッセンブル部門で構成されるイタリアのメーカーは、ほぼ例外なく車内にデザイン部門を持っていない。商品計画は、契約を交わした外部のアートディレクターを中心に進められ、デザイナーは各企業とプロジェクト単位で仕事をする。（中略）日本はどうだろう。この国のデザインの最も大きな特徴は、デザイナーの大半が企業勤めのインハウス・デザイナーであること、平たく言うとサラリーマンであるという点にある。……プロダクト、建築、アパレルもろもろのデザイン分野においてインハウス・デザイナーの割合は圧倒的に多く、この傾向は世界的に見ても特徴的だろう。当然こうした社会では、デザイナーの個人名よりも、ソニーやホンダといった企業名が先に立つ。……単純に比べると、イタリアのデザイナーは個人に立脚したところから仕事を展開し、日本のデザイナーは企業を起点に仕事を展開してきた。……しかしそんな日本でも、自分自身から仕事を立ち上げる人たちが、目立って増えてきたと思う。」

テキスタイル分野の西村佳哲は、日本のものづくりを志向するデザイナーだ。彼は、「あまりゴミをつくりたくないだけ……木を切ったり鉄を掘り起こして、すごいお金やエネルギーをかけるのだから、ずっと使ってもらえるものじゃなかったらつくる意味がない。ほんの数年間のために何かをつくり出すなんて、止めたほうがいい。考えるのももったいないし、私はあまりそういうことに時間をかけたくない」と考えてきたという。西村はヨーガン・レール（一九四一〜）との対話を踏まえて、デザイナーの本来の役割をつぎのようにとらえる。「近代のデザインは、大量生産・マスプロダクションと密接につながっている。生活の中にまだモノが溢れず、資源やゴミのことを気にする人も少なかった時代、デザイナーは未来をつくり出すシンボル的な存在だった。今はどうだろう」と。

デザインのもつ企業力ではなく、企業も包み込むその社会力の重要性が増してきているのではあるまいか。先に紹介した鈴木が、南米でのローカル・デザインのもつ社会性や経済性にふれるのも、この点に注目しているからにほかならない。日本人の強すぎる会社意識から、社会意識への意識転換こそが、デザイン本来の持つ力を取り戻すことができるのではないだろうか。

地域経済の方向

1

アダム・スミス（一七二三〜九〇）は、『諸国民の富の性質と原因に関する研究』—『国富論』（一七七六年刊）—で、国民経済での富の源泉を明らかにしようとした。そのおよそ一七〇年後に、経済学の素人といってよい都市研究家で、都市再開発の問題に取り組んだジェイン・ジェイコブス（一九一六〜二〇〇六）が、アダム・スミスの『国富論』を強く意識した『都市と国富論—経済生活原理—』（邦訳『発展する地域、衰退する地域—地域が自立するための経済学—』）を著した。

ジェイコブスは、スミスの『国富論』を取り上げ、「スミスは、従来受け入れられていた理論を俎上にのせ、そして多くを否定した。彼は様々な問題領域を考察の対象としているが、従来の理論を否定する場合でも、受け入れる場合でも、また新しい領域を拓く場合でも、自分自身の観察と推論によって、丹念にわれわれを先導するのである。しかし、スミスは、自分にとって当たり前のことは問題にしなかった」と批判した。彼女はスミスの見落とした点を、つぎのように指摘する。

「スミス自身も問題としなかったこと、すなわち、国民とは経済活動の構造を理解するための存在であるという例の重商主義的同義反復である。以来このかた、そうした考えが当然視されてきたのである。何と奇妙なことであろうか。近代社会における研究者の中で、経済学者ほど、自らの問題領域の最も中心的で重大な仮定のもつ価値について、かくも長きにわたって軽視した者はいないのである。」（中村達也訳）

都市再開発など、人びとの実際の日常生活に大きな影響を及ぼす具体的な課題に取り組んで来たジェイコブスにとって、国民＝国民経済は、人びとの営みの見えない存在だ。日常生活が国民という集合的抽象概念に還元され、さらには国民経済＝国民総生産のなかに埋もれてしまったことに対して、彼女は異議を唱えた。ジェイコブスはいう。「国民経済とよばれる集合体と都市経済とを区別することは、現実を把握するためにだけ重要なのではない。つまり両者の区別は、経済活動を再形成しようとする実践的な試みにおいて決定的に重要である」と。

ジェイコブスは、都市と、その後背地の地域との関係を重視する。両者の均衡ある関係こそが双方の発展にとって重要である。ジェイコブスは、「アダム・スミスも信じていた」ように地域間の貿易関係が、効率的な分業関係の結果であるとしても、モノカルチャー的な地域（supply region）は果たしてどうなのか、そうした地域が実際には貧しいことは、一体何を意味するのか、と問いかけた。彼女は「この考え方には、二つの大きな欠陥がある」として、つぎのように指摘する。

(一)「この推論は目的論的である。つまり、結果―この場合は、効率―がそれ自体の原因になっている」こと。

(二)「供給経済 (supply economies)」がいずれにしても効率的ではないこと。

(一)は、地域間の相互関係を経済面での効率からとらえる一面的視角である。ジェイコブスは、これを否とする。他方、(二)については、その地域が供給力において、効率的であるかどうかは定かではない。「この地域の特産品は、ときには(つねにではないが)効率よく生産される。しかし、それはこれらの地域が効率的だというのとはちがう。住民のそれぞれの技術、関心、創造力に応えられるような様々の適切な場がないような経済は、効率的ではない。才覚に乏しく、適応力のない経済は効率的ではない」とみるジェイコブスは、効率的とされる供給地域は「遠方の都市によって特化され不均衡な形に歪められているが、遠方の都市にそれを修正する力がない。その役割を果たせるのは、供給地域内の都市だけである」と強調する。

ジェイコブス地域論の中核は、地域の経済活動を国民経済という抽象的な単位だけでとらえることへの反省である。より具体的な経済単位としての地域経済観でもって、現状を再考すべきとするのが、ジェイコブスから学ぶべき基本的な考え方である。全国総合計画以来の日本各地で展開してきた地域開発計画が、必ずしも所期の目的を達成できなかった理由の過半がここにある。そして、その後の、テクノポリス政策、産業クラスター政策、地域イノベーション政策の行き詰まりの大きな原因もここにある。行政効率だけで区分けされた地域の空間範囲もまた問題がありすぎる。地域社会の経済というのは、周辺地域間の均衡ある関係なくして発展しえない。

問題はいつも、地域社会や地域経済といった場合の「地域」の概念と空間範囲である。これは日本だけに限ったことではない。環境ジャーナリストのビル・マッキベンは、『ディープエコノミー―コミュニティー富論（The Wealth of Communities）と永続的未来―』（邦訳『ディープエコノミー―生命を育む経済へ―』）で、「『地域社会』は温かみのある曖昧な言葉だ。しかも乱用されているので、言葉の意味が次第に消えつつある。どれほどの大きさまでを地域社会というのかについて、はっきりした定義はないし、どれほど拡がっているのか、あるいは重なっているのかもわからない」とした上で、つぎのように「地域」の概念をとらえる。

「地域社会の完璧な大きさや形を定義する必要はないのかもしれない。むしろ定義すること自体あまり役に立たない。単に、生態系の持続性と人類の満足感という理由から、私たちの制度と経済は大きくなりすぎたのであり、縮小していく必要があると述べれば十分だろう。私たちに必要なものは、もっと小さなもっと狭い地域に限られた方向へと向かう新しい軌道だ。」

マッキベンの「もっとも小さな狭い地域」の空間は、環境ジャーナリストらしく、食べ物とエネルギー供給と消費のバランスのとれた空間範囲を指す。地域経済のバランスある発展にとって、単なるフローとしてのＧＤＰなどに着目するのではなく、より少ないエネルギー消費による生活の質の向上を目指す方向において、どのような範囲までの地域が望ましいのかを考える必要がある。日本人にとって、行政単位の地域区画は本当に地域なのだろうか。

平成の大合併によって、地方財政面のみを優先させた地域再生の取り組みは、かえって自分の地域でもなければ、誰の地域でもない地域感覚を残したまま、現在に至っている。地域とは何か。これは、地域をよくするための、いまもむかしも基本的な視点である。柔軟な発想でもって、行政区分にとらわれない地域政策が必要である。これは特区などの臨時的措置とは全く別次元の課題である。

「もっとも小さな狭い地域」という空間概念において、どの程度、環境負荷の小さな範囲で、わたしたちは「働き」、「動き」、「生活する」ことができるのか。これを可能にする、もっともエネルギー効率のよい生活インフラとは何であるのか。数百キロを移動してもたらされる電力、食品など生活用品、生産に必要な原料や中間財、これらに代替できるエネルギー、原料・中間財やサービスとは何であるのか。

将来予想される大地震などにおいて、一極集中のエネルギー供給、長距離輸送による財の供給に代わって、さまざまな地域が分散ネットワークシステムを形成することは、リスク軽減につながることである。分散ネットワークシステムの構築によって、地域社会の再生と地域経済の質的発展をはかるには、地域経済におけるフローとストックとの関係の見直し、とりわけ、国民経済という広域ではなく、身近な地域におけるストックの特性を再考しておく必要がある。

2

地域の課題は多い。このなかで、エントロピー概念から地域社会の経済をみる視点が大事だ。エントロピー概念と経済の持続発展性との親和関係をどう築くか。この相互関係を「定常状態（stationary state）」に見出すべきとみたのは、古くはジョン・スチュアート・ミル（一八〇六～七三）ではなかったろうか。ミルなど古典派経済学者の基本概念を再考すべきである。

この点を強く主張してきたエントロピー法則重視の経済学者のハーマン・デイリーは、『成長を超えて―持続可能な発展の経済学―』（邦訳『持続可能な発展の経済学』）で、「産出された財の量と使用した資源の量という物質的パラメータ」について、あまりにも鈍感であり、成長―フロー―だけを自己目的としてきた「新」古典派経済学の考え方を強く批判する。デイリーは、「定常状態＝持続可能な発展」の経済社会は、有限な資源、わたしたちをとりまく複雑な生態学的相互関係、熱力学の法則―エントロピー(*)―という物質的パラメータを重視すべきだとし、真の意味での経済学をつぎのように指摘する。

「われわれがその（有限な世界―引用者注）一部分として含まれる生物物理学のシステムと、技術、選考、分配、ライフスタイルといった非物質的な変数との間で、可能かつ適正な均衡をどのように達成するかを研究する。物質的・量的な大きさは所与とされ、非物質的な生活様式が変数となる。この新興のパラダイムは、量的な成長ではなく、質的な発展によって調整を図るという点において、新古典派経済学よりも古典派経済学に近い。」（新田功・藏本忍・大森正之訳）

＊エントロピーという概念は、大学等で熱力学の法則を学ばなかった人にとってはわかりづらい考え方でもある。物質やエネルギーの保存則である熱力学の第一法則よりも、高エントロピーと低エントロピーに関わる第二法則が重要である。太陽光など自然のエネルギー源や地球にある資源は低エントロピーであるのに対し、そうした低エントロピーのエネルギーや物質を利用して、つくりあげ消費した物質などの廃棄物は、再び利用できなければ高エントロピーである。

デイリーは、前掲書で「太陽光という源泉は、ストックは豊富だがフローに限りがある。地球上という源泉はストックに限りはあるが、フローは（一時的には）豊富だ。農業社会は豊富な太陽光のフローに頼って生活した。他方、産業社会は地球上の限られたストックからの莫大な補充に頼るようになっている」と指摘する。

こうしたデイリーの考え方で重要であるのは、彼のいう「スループット」である。これは、「原料の投入に始まり、次いで原料の財への転換がおこなわれ、最後に廃棄物という産出に終わるフロー」であり、「生態系の再生力と吸収力の範囲内に収まっていることだ。持続可能な発展の大まかな考えは、経済という下位システムが、それを包含する生態系によって恒久的に維持ないし扶養できる規模を超えて成長することはできないということだ」とされる。

現在の産業によって支えられている経済社会が、エントロピー法則から逃れることはできない以上、自然資本を消費し尽くして、その代替として人工資本を無制限に拡大させることも困難である。遅かれ早かれ、わたしたちの社会は、自然資本のあり方に対して、現在以上に向き合わざるをえなくなる。それは、時間の問題である。この課題を身近な地域経済社会の現状からとらえていくと、グローバル経済化は、自然資本からみて合理的選択とは必ずしもなりえない。デイリーも、そのように主張し、警鐘を鳴らしてきた。長くなるが引用しておく。

「自由貿易、自由な資本移動、輸出主導型の成長によるグローバルな経済的統合というイデオロギーから脱却し、きわめて効率的なことが明らかな場合にかぎって国際貿易に頼りながら、最も重要な選択肢として国内市場向けの国際生産を発展させようとするような、より国民主義的な方向を目指せ。

現在、グローバルな相互依存は紛れもなくよいこととして称賛されている。発展、平和、そして調和に至る王道は、他のすべての国が各国民の市場を情け容赦なく征服することだと考えられている。『グローバリスト』という言葉は政治的に正しいことを意味し、『ナショナリスト』という言葉は軽蔑的な意味をもつようになった。……ちなみに、グローバルな統合とは、国際貿易にゆるやかに依存し、相対的に独立した多くの国民経済を、一つのしっかりと統合された世界経済のネットワークに転換することであり、弱体化した諸国民は衣食住でさえこのネットワークに依存する。……自由貿易、自由な資本移動、そして自由な、あるいは少なくとも規制されない移住を通して、経済的国境を消滅させ、経済をグローバル化することは、公益のために何らかの政策を遂行できる主要な単位の共同体に、致命傷を与えることになる。……世界主義的なグローバリズムは、一方では国境と国民共同体や地域共同体を無力化し、他方では多国籍企業の相対的な力を強める。」

グローバリズムというイデオロギーのすべてが、悪いわけではない。自然資本の問題、とりわけ、これに関わる環境費用や社会的費用の問題ー外部不経済の問題も含めーは、全地球的な取り組みなくして、有効な解決策を導入できない。この意味と範囲で、グローバリズムの考え方は必要である。他方において、国境や国民共同体ー国民国家ー、地域共同体ー地域社会ーでの試みにとって、なんでもグローバリズム化という考え方は、地域自然資本、文化資本、人的資本に外部強制力として大きな負の影響を及ぼす。(*)とりわけ、地域の自然資本に立脚したような農業の存立は大きく揺さぶられてきた。

地域の産業振興という考え方では、従来、工業用地などの造成によって企業誘致などが行われた。だが、農業や地元の自然資本ーエネルギー源も含めーに立脚したような産業の振興が、地域の全体的発展というビジョンの下に、展開されてきたかと問えば、そのような地域は少ない。

＊たとえば、地域の賃金水準は、いまでは海外資本等によって海外工場の賃金コストと直接競合するようになり、いわゆる雇用の輸出が起こってきた。さらには、ネット社会下のクラウド・ソーシングによっても、地域と世界の労働市場の均一化が進展してきている。資本の動きが個人を超え、さらに地域を超え、そして国境を一足飛びに超え、地域経済社会を大きく変動させる時代に、わたしたちは生きることになってきた。このことは、経済政策や社会政策においても、従来型の政策効果を著しく減じる結果になっている。

デイリーは、この状況についてつぎのように指摘する。「自由意志論の立場に立つ経済学者、経済人を、無限の稼働性をもち、しかも国内のどこにでもいる自己充足的な個人とみなしている。しかし、現実の人間は共同体の中で、また、共同体の中の共同体で生活している。まさに、彼ら個々人のアイデンティティは、共同体の中の諸関係によって形成される。資本の利益に役立つという理由だけで、共同体を、たまたま近くにいる使い捨て可能な個人の集合体とみなすことは、可動性をもつ資本が国内に止まる時には十分に有害だ。しかし、資本が国際的に移動する時は、さらに始末が悪い。」デイリー前掲書。

わたしたちは先進事例を世界各国、とりわけ、欧米諸国に追い求め、そうした事例をモデル事業として、全国画一的な政策として拡充してきた。しかし、たとえば、米国でも盛んになってきた「地産地消」運動―Think local first, Localist movement―も、見つめ直せば、日本でも以前から地道に取り組んできた地域がある。地産地消は、食と農との関係―流通も含め―に限定して解釈しがちだが、それは、エネルギーや交通・通信などのサービスの見直し運動でもある。

たとえば、自動車交通と共存する公共交通の充実は、障害者や交通弱者の生活の快適性―ましてや健常者や若い世代にとってはそれ以上に―の向上、石油資源への依存性の逓減、交通事故や大気汚染などの社会的費用の引き下げにもつながる。そして、結果として、文化資本である町並みに対しても、好影響を与え得る。

日本各地を訪れ、環境問題や食と農の問題に取り組んできたジャーナリストの大江正章は、『地域の力―食・農・まちづくり―』で各地の動きを取り上げているが、地産地消運動や公共交通再評価の最終目標とは地域の自立を目指す運動であることに気づいている。大江は、国や都道府県、ましてやグローバルという広域空間概念ではなく、そこに住む「地域住民」の「共」同的な自治管理による地域空間の再発見と、そこでの社会関係―コモンズ―の構築の必要性を強く主張する。コモンズとは、要するに公共意識のより日常的感覚と意識のことである。大江はそうした地域の特徴と今後の方向性について、つぎのように整理する。

（一）地域資源に新たな光をあて活かすこと―「中小規模の仕事（生業）を発展させ、雇用を増やすこと」。

(二) 民間、農協、森林組合や自治体などの所属を問わないリーダーの存在－「前例にとらわれない発想とセンスをもち、独走はせずに仲間を引っ張っていくリーダーの存在」。

(三) 地域の再発見ができるIターン（よそ者）とUターン（出戻り）の存在－そういう人たちが全国に情報発信することでさらに新しい人を惹きつけることができること。

(四) メインの現金収入の仕事を得ながら、農業など自給的部門を大切にしている安全な食をつくる担い手が多いこと－「過度の商品経済の浸透の防波堤」となりうること。

貨幣経済＝近代化＝グローバル化という圧倒的な流れの中で、かつての伝統的な自給自足体制へと時計の針を後戻りさせることは、現実的な試みではない。しかしながら、伝統的システムに内在していた自然との共生－自然の働きと同調する社会システム－からあまりにもかけ離れ、経済効率性のみを追求することは、経済的にみても、近い将来においてますます困難になることは、うすうす感じられる。将来世代は、その社会的コストという代償を支払わずには済まない。現在の経済システムのすべてではないが、環境負荷などへの大きな負担をかけている経済システムは、将来世代への負の遺産という外部不経済をもたらしつづける。

今後の地域経済の方向性は、自然資本とわたしたちの「働く・生活する」との関係性を、国民経済あるいは世界経済という空間感覚ではなく、地域という「見る・感じる」空間範囲で、考える必要があろう。地域経済と農業の見直しが主張されてきたが、食の安全・安心を考えれば、顔の見えない生産者から保管・輸送に膨大なエネルギーを費やされて、消費者にもたらされるよりは、顔の見える地域空間にある生産者から提供されることで、消費する側の人たちと生産者が互いに注視しあう社会関係が形成されやすい。

地域においてもグローバル化という顔の見えない関係性が、圧倒的な位置を占めてきたが、地域のもつキャパシティー―安価でしかも圧倒的な供給量に対して―はたとえ小さくとも、地域社会をすこしずつでも変えうる。いま一度、地域文化というストックから地域の経済をとらえ直すことで、地域社会の今後の展望も拓けてくるのではあるまいか。とりわけ、地域の多くの中小企業は、地域社会の構築との連動性がなければ、大きな転機を迎えることになる。(*)

*この点については、次の拙著を参照。寺岡寛『強者論と弱者論―中小企業学の試み―』信山社（二〇一五年）、『地域経済社会学―人びと・地域・想像力―』同文舘（二〇一六年）。

第四章　地域文化経済論

1　地域文化と文化経済

前章まで、フローとストックの抽象論を重ねてきた。フローとストックという視点から、具体的な地域をみておく。

神奈川県鎌倉市は、隣接する文明開化の窓口としての横浜市と比べ、鎌倉幕府ゆかりの史跡、鎌倉宮、鶴岡八幡宮、建長寺、円覚寺など歴史的な社寺に富む文化資産（ストック）をもつ文化都市のイメージを形成してきた。寺社は、かつては二〇〇寺、四二社を数えたといわれる。その多くは、戦乱などで焼失・再建を繰り返してきた。鎌倉市の中心部は、昭和四一［一九六六］年に「古都保存法」(*)の指定を受けている。

＊「古都における歴史的風土の保存に関する特別措置法」。同法により歴史的風土を保存するために必要な地区については、「歴史的風土保存区域」として指定できる。京都市、奈良市なども指定を受けた。「歴史的風土保存区域」については都市

計画にあたって、建築などに制限を課すことができるようになった。

また、同法により、古都保存協力税が導入された。しかしながら、京都市では寺社の関係者が、課税により参拝客が減少することを理由に、その実施をめぐって市側と対立し、実施が延期された経緯があった。

第二次大戦後の昭和二六［一九五一］年には、戦後の混乱が残るこの地に、三枝博音(*)（一八九二〜一九六三）らが日本文化と民主主義再興を掲げて、鎌倉アカデミア—鎌倉大学校—を立ち上げた。

鎌倉という場所を歩いてみるとよくわかるが、その地形は相模湾に流れ込む滑川の沖積地と、それを囲むような丘陵地から成り立ち、地形全体としては「鎌」のように曲がり、かつては「くら（倉）」という洞窟が多かった。鎌倉という名前は、こうした地形上の特徴からきた、といわれる。源頼朝（一一四七〜九九）がこの地に幕府を開いて、源氏の将軍は三代で消滅したものの、その後、北条氏が政権を継承—執権—して、北条高時（一三〇三〜三三）のときまで、およそ一五〇年間、鎌倉は武家政治の中心地であった。

＊広島県の浄土真宗の寺に生まれる。東京大学文学部哲学科卒。昭和七［一九三二］年に戸坂潤たちと唯物論研究会を設立、『唯物論研究』の編集長を務めた。戦後は横浜市立大学の学長などを歴任。

こうした鎌倉は、古都京都の公家文化に対して、武家文化のイメージを保持してきた。江戸時代から鎌倉は、江戸に近いこともありすでに観光地となり、明治以降は、作家や画家などの文人が住む文化の地として、あるいは実業家などの別荘地としてのイメージを形成した。その後、横須賀線の電化により交通の便も良くなり、京浜地域の住宅地として、人口が着実に増加した。とはいえ、現在も文人が住み古い寺社の残る地として、鎌倉のイメージは、いまにいたるまで継承されてきている。

鎌倉は、京都や奈良などと並んで、古寺と仏教文化を色濃く残す。こうした地域文化は、地域経済としてはいまでも多くの観光客をひきつける。最近では、外国人観光客もかなり多くなった。観光客にとって、古寺や名刹は分かりやすい地域文化の象徴であるが、その背後にある見えない地域文化は、どこかに打ち捨てられてしまっている。

たとえば、武家生活のあり様などはまことに分かりづらく、どの程度まで現在の鎌倉在住の人たちに継承されてきたかは、想像の彼方にある。鎌倉武士が、現在のエネルギー多消費型のわたしたちの生活とは異なるエコな生活習慣や、それを支える振る舞いや精神を持っていたことなどを鎌倉文化ととらえ、その生活を実践するエコツアー―グリーンツーリズム―が、盛んになってきたというような話は、聞かない―多分、そのような活動もあるのかもしれないが―。

生活習慣としての地域文化＝伝統文化の継承は、便利な生活に慣れてしまった現代人にとって、一筋縄ではいくはずもない。文化人類学者の辻信一は、『スロー・イズ・ビューティフル―遅さとしての文化―』で、伝統社会の文化とは自然界と同じリズムのなかで培われた「遅さとしての文化」であり、それは、「大きさや速さや力の限度をわきまえていて、それはまるでそこに自然界と同様の均衡、調節、浄化の力が働いているかのようだった」としたうえで、つぎのように指摘する。

「本来、文化とは社会の中にそうした『節度』を組み込むメカニズムなのではないか。不文律、道徳、礼儀、神話、長老の威厳に満ちたことば、お婆ちゃんの昔話、人々のふるまいや物腰。自ら均衡し、調節し、浄化する文化的なしくみ。そのメカニズムが破綻し始めて久しい。そして無制限に『より大きく、より早く、より強い』ことを求めつづける異様な社会が、まるで自然界を蝕むガン細胞のように繁殖している。

とすれば、自然環境の危機と我々が呼ぶものは、実は社会における文化的メカニズムの破綻─ある適正な小ささと遅さの喪失のことだった、といえるだろう。……伝統社会を美化し、その一面だけをロマンティックに描こうとしている、という批判を浴びることを覚悟の上で、ぼくは、社会の中にあってそれを支えていた節度のメカニズムとしての文化の喪失を憂えているのだ。」

これは、なにも鎌倉文化だけのことではない。民俗学者の宮本常一が、日本各地をくまなく歩き記録しつづけたものは、さまざまな地域の見えない文化としての自然への節度ある営みへの注目と畏敬であった。

また、節度あるメカニズムでなければ維持できない現実の生活があったことを、十二分に思い起こす必要がある。自然への節度ある営みが生み出す文化は、そこを訪れる人たちにとって、時間が止まったような感じを与えるに違いない。決められた慌ただしいスケジュールにそって訪れる観光客の時間感覚と、そうした地域のもつ時間の流れとは、本来的に相容れない。一時的にその場を訪れる観光とは、疑似体験である。この認識がなければ、観光業振興が地域再生の切り札として過大評価されてしまうことになる。事実、そうなっている地域も多くある。

辻には、ジャイナ教徒(*)で、英国でシューマッハー・スクール(**)を主催するサティッシュ・クマール（一九三六～）と、自身のゼミ学生とのやり取りを記録した、『英国シューマッハー校　サティッシュ先生の最高の人生をつくる授業』の著書がある。そのなかで、祖父母が古い旅館を経営する学生の「その場所は有名になって人がたくさん訪れるようになっている。そのためコンクリートの建物が増え、ゴミが多くなりました。……景観を潰さず、自然や文化を大切にするツーリズムはないのでしょうか?」との問いに応じたサティッシュの返答を、つぎのように紹介している。

「では、君のおじいちゃん、おばあちゃんの旅館に、こんな看板を出したらどうだろうか。『巡礼者歓迎、観光客お断り』、巡礼客と観光客はどう違うか。巡礼者は、自分が訪れた場所を尊敬し、祝福する。決してその場所に対して破壊的な行為をすることはないんだ。訪れた場所に自分が合わせるということだね。逆に観光客は、訪れた場所のほうが自分に合わせることを要求する。どこに行っても、普段の生活と同じような便利さを求め、自分勝手にふるまう。」

環境運動に取り組む僧サティッシュにとって、観光と巡礼とは異なって当然であろう。巡礼は、過去の遺産文化を単に鑑賞するのではなく、その文化を現在に継承している人たちとの共通体験なくしては成立しない。過去のそうした文化を現在にまで継承させてきたことは、巡礼の地にある住民たちが自然へ節度を保つことなくしては、困難であった。それは、お遍路文化に代表される四国の地域文化を思い起こせば理解できよう。サティッシュの「観光」と「巡礼」という対概念は、消費する「フローとしての文化」と、体験する「ストックとしての文化」の相違を示唆している。

＊ジャイナ教（ジナ教）はインドの宗教の一つで、ブッダと同時代の前五～六世紀頃のマハーヴィーラ（バルダマーナ）を開祖とし、アヒンサー（不害）を厳守する禁欲主義的宗教－「不殺生」、「真実語」、「不盗」、「不淫」、「無所有」－である。ジャイナという呼称は、開祖マハーヴィーラの尊称ジナに由来する。
グプタ朝時代にジャイナ教は「空衣（裸形）派」と「白衣派」に分裂したものの、他宗教には寛容であり、前者は南インド、後者は北インドに広まった。仏教とは異なり、インド以外の地域には伝わらなかった。信者はグジャラート州やマハーラーシュトラ州の商人に多い。商人に信者が多いのは、ジャイナ教が在家信者にも不殺生の戒律を求めたためといわれる。

**サティッシュ・クマールは、インドのラジャスタン州に生まれ、九歳でジャイナ教の修行僧となった。一八歳のときに、当時九〇歳の数学者・哲学者のバートランド・ラッセル（一八七二〜一九七〇）が反核運動で逮捕された記事に接し、還俗し、二年半を費やして無銭徒歩旅行で核保有の四カ国へ核兵器廃棄を訴え巡礼した。『スモール・イズ・ビューティフル』を著したドイツ系英国人のエルンスト・シューマッハー（一九一一〜七七）との出会いから、シューマッハー・スクール（カレッジ）を一九九一年に設立した。

観光のための地域（地方）文化ということでは、社会学者の細辻恵子が、行政が担う「地方文化」なるものが、ややもすると、消費するためだけの観光文化ではなかったかと、問題を提起する。わたしが訪れた東北地域など一部の地域を除き、一時的な補助金行政としての観光業振興は、補助金の減額や停止とともにすでに行き詰まっているケースも多い。

とりわけ、建物などハードウェアだけに偏した観光業の振興は、建物の維持管理に四苦八苦である。細辻は、「都市の生活と地方文化」で、一時的に訪問者＝観光客を多くひきつけることだけが、地方文化に対する高評価ではなく、実際に生活する人びとが、「その地方に身をおいて暮らすことに満足感・充実感を抱いているかどうか」に加え、つぎの点が最も重要であると強調する（間場寿一編『地方文化の社会学』所収）。

「肝要なことは、その地方がもつ自然環境・歴史を含めた全体の雰囲気が、その地方の人びとと接することを通じて、やってきた人びとに心地よさを感じさせること、そしてまた訪れたい気持ちにさせること、それがひいては、地方文化を支えていく人たちの満足感ともなり、自信ともなっていくというフィードバックがあらわれること」。

ストックとしての地方文化は、博物館や記念館、美術館をつくり、過去の生活文化をそこに展示して、自分たちの地域を外から訪れる観光客の記憶にとどめることではない。わたしがミュージアムなどを訪れるときに、必ずチェックするのは建物の維持管理状況であり、展示がつねにアップデートされているかの有無である。ペンキがはがれてしまい、周りの庭の手入れもされず朽ちているような建物や、一〇数年近く前に作成されたビデオの解説映像が流れているような展示室は、その地域の観光業振興が何であったのかを如実に物語っている別の意味での展示物でもある。細辻もつぎのように指摘する。

「農山村博物館を作ることが地方文化を豊かにすることではない。そこに住む人びとが生き生きと暮らしている中から魅力的な生活・文化ストックが育てられ、その人たちと接して魅力を感じる人びとがふえることが、またその地方の評価と魅力を高め、基盤をより確かなものにしていくという循環が生じることが大切なのである。つまり、地方文化の活性化には、外部の人びととの交流が大いに必要となってくる。欧米よりも余暇時間の少ない日本では、とうていアグリツーリズム(*)を導入する土壌はないとして一蹴されるかもしれない……」。

*都市住民が余暇を利用して、農村や農家で休日を過ごすのである。ヨーロッパで都市住民と、農村の人びとの交流プログラムとして発展してきた。日本のケースは、休暇期間の短さもあり、長期滞在のヨーロッパ型のアグリツーリズムとは明らかに異なる。
　農林省は、平成四［一九九二］年から農村滞在型休暇をグリーンツーリズムと名付け、全国でモデル地区を指定してきた。平成一八［二〇〇六］年には、「農村漁村余暇法」が制定された。農村や漁村も、地域活性化のためにグリーンツーリズム振興を行っているが、農業体験や自然体験などのプログラムの充実ではなく、農産物の直売所や加工場などの施設に、もっぱら力点が置かれるなどの課題もある。

ここでの鍵概念は、「生活」、「循環」、「交流」、「時間」である。冒頭に鎌倉文化についてふれたが、鎌倉文化の内実は、史跡としての寺社ではなく、それらが鎌倉の生活スタイルにどのように継承され、住民のなかにいまも生活文化として、根付いているかどうかである。観光ではなく、巡礼の対象となるのは、まさに生活文化のことではあるまいか。

しかし、文化の経済化あるいは産業化の指標は、もっぱら巡礼者数ではなく、観光客数の多寡によって判断されやすい。必然、町並みを含めた文化財の保護・保存よりは、観光客の交通アクセスを容易にする道路や、駐車場の整備に資金が投下されてきた。余暇時間が少なく、その余暇も特定期間に集中する日本社会の場合、道路などの社会資本の利用の効率性がきわめて悪い—繁閑の差が大きすぎるのだ—。

ハイシーズンとオフシーズンの「繁閑」の差をどう解消させるのか。職場での有給休暇制度をうまく活用することによって、観光客数の平均化がはかられれば、社会資本投資の規模も適正水準にとどめることもできよう。ハードばかりの整備ではなく、制度というソフト面の整備こそがカギを握っているのである。

2

経済成長の配分が、単に賃金面での恩恵—money-rich—なのか、あるいは労働時間の短縮と余暇=自由時間の増加—time-rich—であるのか。日本社会は、明らかに賃金と労働時間の不均衡が顕著である。細辻は、前掲論稿で、「ヨーロッパの労働時間短縮の理念が、経済成長の成果をすべての市民たちに『自由時間』という形で配分するものであったことを、もう一度思い起こすべきであろう」と前置きして、農村休暇制度=アグリツーリズムについて、つぎのように問題提起する。

「大企業を偏重し、美術館を建築するなど形の残る事業に税金を使い、責任を果たしていると考えがちな政府や自治体にとっては、農村休暇制度による経済効果ははなはだ心もとなく、地方振興に資すると納得できないとして考慮の外におかれる可能性もある。しかし、これについても、経済大国への道程が必ずしも生活大国につながらない現状を再検討して、……風景や出会いが御馳走であり魅力である農村休暇制度の訴えるものを、受け止めるべきときに来ている……モノの流れよりも人びとの顔の見える交流が、今後の地方の明暗を左右するだろう。都市の住民に配分された自由時間が地方に豊かさをもたらし、地方分化が甦るとき、都市もまた生活のあり方を見直し、姿を変えていく。」

日本の農地の荒廃は凄まじい。この現状の下では、アグリツーリズムの実現などほぼ不可能に近いだろう。問題は、わたしたちの意識であり、個々の意識の総体としての制度なのである。農村文化と都市文化の相互性とそこから派生させるべき互恵性の獲得がなければ、相互の文化の健全な維持と発展は困難となる。といっても、地域の空間配置によって、そのポテンシャルは大きく異なる。とりわけ、近郊に中核都市を持たない農村地域は、若者の人口流出が続く中でどのように対応すべきか。

そのような地域―特に東北地方や山陰地方―を訪れてみて、頭を抱えることの方が多い。社会学者の田中滋は、「行政と都市文化―市場型文化とパトロン型文化―」で、文化の維持・振興にとってのパトロンの必要性を説く。田中は、日本社会においては、もっぱら行政の対応にばかり期待が寄せられたが、「行政は、文化を他の文化的中心都市から導入することは得意であっても、みずからがその創造や再構築の担い手となることは元来不得意なはずである。文化の創造は多様な『異質性』の存在と不可分の関係にある」と指摘する（間場編・前掲書所収）。

それでは、行政以外にどのような組織や個人があるのだろうか。元々、民間企業の数が少ないうえに、その雇用維持力が縮小しているなかで、年金受給者のシニア層だけが残り、数少ない役場勤めの機会を得た者を除き、若者層の域外流出に歯止めがかからないなかで、パトロンになりうるのはどのような経済主体であるのか。

過去においては、それは企業誘致政策によって首都圏や関西圏などから立地してきた大手企業や中堅企業の事業所であった。だが、ここ十数年来で、そのような事業所の縮小や閉鎖により、新たなパトロン探しに苦慮する自治体は実に多い。たしかに、文化は、その地で蓄積されてきた歴史的な資産―見える形のモノや見えない形のモノ(*)―をベースとして、現在の人びとが、毎日の生活を通じて維持・発展させるものである。それは決して静的なものでもなく、そこに住む人たちだけによって創造されるものでもない。そこには活動を支える経済基盤である多様な担い手が必要なのである。

＊たとえば、昔から寺社という場＝舞台で繰り広げられてきた季節ごとの祭事は、劇場や記念館で「見世物」として行われた場合、それが地域文化を象徴していたとしても、人と人との交流という相互作用をもった生きたものにはなかなかなれない。その地域のその場所で、それを担う人たちがいてはじめて成立する。
それは、なにも古式ゆかしき従来のやり方だけで行うことが重要なのではなく、たとえハイテク機器などが使われたとしても、過去のやり方を否定したことにはならない。歴史的資産としての地域文化の何を受け継ぎ、何を次世代に引き継ぐのかが重要であろう。

すでにふれたように、定住人口の減少で祭事などの実施が困難となった地域では、現在、他地域からの学生ボランティアなどによって維持しているケースもある。これもまた、文化継承の一つのやり方ではある。

他方、記念館などの建設によるかたちだけの文化の「見える化」＝商品化は、市場経済の下では、気まぐれな消費者の移ろいやすい興味に翻弄されやすい。消費者は、古いモノに飽き、つねに新しいものに惹かれやすい。田中が、つぎのように指摘するのもその認識があるためだろう。

「新たな文化の創出が期待できないとき、地域社会がアイデンティティをその歴史に求めるのはやむをえない。しかしながら、それが文化の商品化や産業化を目指したものであるならば、それは商品というものが必然的にそこに位置づけられるところの市場経済の原理によって淘汰の波にさらされることになる。その地域において掘り出された文化が平凡なものであるならば、それは商品としての価値をもたないし、元々歴史的文化資源の少ない地域であるならば、そもそもこの競争に参加することさえできない。そして、極端な場合には、その地域に文化遺産や自然環境的資源がないことを利用して、都市の様々な産業廃棄物や核廃棄物などの廃棄物やいわゆる迷惑施設（原発、ゴミ焼却場など）を引き受けるといった極端な選択（『文化の欠如』の産業化）も行われることにもなる。」

田中のいう「文化の欠如」の産業化は、福島原発事故を考えると、重すぎる指摘である。自らが創造しようという文化意識の欠如ゆえに、大都市のコンサルタント任せの地方博覧会やまちづくりの「外部委託化」に走る。それらは、一時的にはそれなりに観光客を集めても、その後の施設などの維持・管理の実態をみると、文化行政の何たるかを考えざるをえない。

こうした負の遺産は、現在、日本のあちこちに点在する。田中は、「移り気な消費者を対象として都市の設計・経営を考えるならば、……その施策は常に陳腐化の危険性にさらされることになる。……たしかに一時的にブームとなってその都市は人びとをひきつけることができるかもしれないが、移り気な消費者に飽きられれば、その投資は無駄になってしまう。都市を商品化し、外部からの集客化を図るのではなく、市民の安全で静謐な生活、消費社会的な欲望に彩られた量的な豊かさではなく、質的な豊かさをもった生活を市民に確保することがまずは大切なはずである」と指摘する。首肯できる。

文化行政とは、自らが創造するという意識をもつ住民の生活文化を後押しするべきものであり、そのような生活文化に共感し共有したい人たちの連帯を強めることに寄与する役割を果たすことに、本来の文化行政のあり方がある。それが、中央からの補助金欲しさで、補助金獲得のための申請書の書き方というテクニカルすぎる面だけが突出してしまって、文化創造の根本がどこかに置き忘れられてしまった。

ミュージアムの役割

1

美術館などミュージアムは、地域文化のシンボルになりうるのだろうか。地域の美術館に展示される絵画のなかには、地域のかつての自然や風情をキャンパスのなかに記録した作品もある。そうした絵画が鑑賞者に対し、見えない日々の生活の営みとしての地域文化を、思い起こさせる力をもっているのだろうか。

前述の鎌倉をみておくと、日本国民が敗戦後、衣食住にまだ困窮している時期にもかかわらず、昭和二六［一九五一］年一一月に神奈川県立近代美術館の開館に踏み切っている。当時、同美術館で、初代学芸員として開館準備に関わった佐々木静一（一九二三〜九七）は、「鎌倉近代美術館の出発」という論稿で、日本最初の公立近代美術館の開館と、当時日本各地に散在していたセザンヌやルノワール作品を集め、「セザンヌ、ルノワール展」を開催するに至った経緯を明らかにしている（神奈川県立近代美術館学芸課編『開館四〇周年

記念四〇年の歩み展』所収)。

「神奈川県では、昭和二四年六月に同年度の県展予算が組まれていた。その年の県展運営のため県下の何人かの美術家に意見が徴せられたところ、展示する場所がないため、展示ホールを求める意見が出された。そこで二四年八月八日、知事公舎に県在住画家、評論家一〇名ほどが集まり、日本の玄関である神奈川県として美術館があってしかるべきだという方向に話が発展していき、その推進母体として神奈川県美術家懇話会が設立されることになった。」

この懇話会が、近代美術館の諮問機関となる評議員会と運営委員会となった。戦後復興の厳しい予算事情の下で、既存の建物の改築も検討されたが、建築家のコンペが実施され、昭和一二［一九三七］年のパリ万博日本館の設計者であった板倉準三（一九〇一～六九）案が採用される。外交官出身で神奈川県知事の内山岩太郎(*)（一八九〇～一九七一）は、財政難のなかにあっても、美術館建設に理解を示した。

佐々木も、前稿で、「鎌倉の翌年開館した東京国立近代美術館建設のときも出発時は、改修美術館として出発しているくらいで、住宅事情の悪かった時代に、住宅建設を主張した社会党案を押切って、小さくても近代美術館の機能をそなえた新しい美術館建設にふみ切ったのは英断であったというべきであろう。最近相次いで開館する公立美術館が全て新設であることを思うと五〇年代初めとは、やはり客観情勢に隔たりがある」と指摘する。

＊群馬県生まれ。東京外語学校スペイン科卒、外交官となる。昭和二一［一九四六］年に官選の神奈川県知事をへて、翌年の県知事選－公選－に立候補して戦後初の公選知事として、神奈川県知事を五期務めた。文化政策では、昭和二九［一九五四］年に神奈川県立図書館、同音楽堂を開館させた。

当初、新しく美術館を建設するのにふさわしい場所を、横浜市内に探したものの適切な場所が見つからなかった。事情を察した鎌倉八幡宮の座田宮司が、八幡宮内の国有地となっていた場所を返還するよう政府に働きかけることを条件に、宮内の源平池畔に近代美術館が建設されることになった。当時、出版社で美術関係の編集をしていることが縁となって学芸員に転じた柳生不二雄（一九二五〜二〇〇五）も、「一九五〇年代の思い出」で、当時の日本社会の文化事情について、つぎのように振り返っている（前掲書所収）。

「一九四〇年代の後半になってから、日本の美術界の現編成がはじまり、南北朝鮮戦争を契機として、まだ、敗戦の影は長く尾を引いていたが、日本の経済の復興が始まってきた時期でもあった。……戦争放棄による文化国家としての再生を目ざした国家の政策が、この時流にのって強制されてきた。また、新聞社による企画展が、この頃から多く開催されてくるようになった。鎖国同様であったヨーロッパの自由世界との交流が、経済的な制約がありながらも復活はしてきた。……このような状況のなかで、実験的な近代美術館の誕生と先駆的な役割に大きな期待がもたれたことは当然のことであり、重要な問題であった。しかし、日本では前例のない近代美術館の構想と活動には多くの困難がまっていた。」

柳生は、当時の状況では、公立美術館への理解がなかなか得られなかったことに加え、美術活動への理解も低かったため、美術館は博物館と同様に、「作品の保管と展示が主要な任務であり、現代社会との直接の係り合いなどは社会教育の範疇として、それほど深くは考えられていなかった」と振り返っている。「コレクションのない美術館」は、当時の日本人の美術館イメージにはなかったのである。

美術史に名をとどめている作家の作品を展示することへ、人びとの反対はないとしても、開館したばかりの「近代」美術館で未評価の現代作品を展示するには、関係者の覚悟が必要だったはずである。柳生もこの点にふれ、「作品を借用するためにコレクターのところにいって説明しても、『近代美術館とはなんですか。どのようなことをするのです』と尋ねられるのが普通であったほどで、近代美術館は社会のなかで理解されていなかったのである」と回顧する。

「近代美術館活動に対する社会環境の未成熟な理解、美術館自体のもつ機能の不備、現実的な予算の慢性的不足、職員数の僅少など多くの問題と不満をもちながらも」、セザンヌ・ルノワール展の開催にこぎつけた柳生は、「戦争の断絶から蘇った日本の美術界のなかで忘れてはならない作家たち」の作品展示のほかに、「年に一回ずつ、県内在住作家の自薦展があったが、これは県立の美術館であるため地域的な要望であった」としたうえで、神奈川県という地の利について、つぎのように指摘している。

「この近代美術館は国際的な視野に立って運営すべきであり、一地方の地方美術館ではないという気持ちが強かった……幸いなことに、神奈川県には多くの日本美術史にとって欠かすことの出来ない作家たちが居住していた。(*)」

＊鎌倉在住であった作家ということでは—長短を問わない—、芥川龍之介、大佛次郎、大岡昇平、江藤淳、川端康成、国木田独歩、小林秀雄、佐佐木信綱、高浜虚子、立原正秋、中原中也、林房雄、堀口大學、横溝正史、吉田健一など多数に上る。画家では、在住した鏑木清方や平山郁夫などのほかにも、前田青邨や片岡球子など日本画家たちも滞在して作品を残している。

「古都」鎌倉が、文化都市としての古き伝統を象徴する鎌倉八幡宮のすぐ近くに、「近代」美術館を開館させたことの意義は、公立の近代美術館があちこちに開館している現在とは異なり、大きかった。当時の関係者には近代美術館の開館にむけて苦労があったのである。

他方、一九八〇年代以降、とりわけ、バブル期に横並び意識の下で、わが地域にも予算に余裕があるから、美術館でもつくるかという地域の意識とは、一体全体、何であったのだろうか。ミズマアートギャラリー主催者の三潴末雄は、『アートにとって価値とは何か』で、この時期の時代精神について、つぎのように分析する。

「バブルに至る美術シーン全体を見渡せば、八〇年代の好況期までに、最初に一県一美術館運動のようなかたちで、ほとんどの都道府県に近代美術館が生まれ、さらに県庁所在地には市の美術館ができるという、文化を標榜したハコモノ公共事業の流れがあった。そうなると各美術館には作品購入予算がつくので、そこに銀座あたりのギャラリーを中心に、みんなが群がり、自分たちの作家を売り込むと言う構造があったのだ。こういう公共事業予算頼みの疑似マーケットの中で『〇〇先生は〇〇美術館がコレクションしたよ』という話が公然と銀座のギャラリーでは語られていて、その評価軸で値付けがなされるという、マーケットとして非常に歪んだ形態になっていた。

もっともひどい状態になると、美術館の公共工事で、ハコモノを建てると、判で押したように総予算のうちの一％程度は野外彫刻のようなモニュメントに充てられた。それに過剰適応してパブリックアート専門の作家が生まれるようになる。そんな疑似マーケットが、バブル期にはまかり通っていたのだ。これでは世界のマーケットで評価される作家が育つはずはない。」

そもそも、アートマーケットが、公共需要として生み出されることが、果してアートによるまちおこしにつながるのかどうか。個人コレクターの健全な発展の結果であるアートマーケットの存在なくしては、アートは産業として成立できるはずはない。産業として成立しない以上、アートが雇用市場や消費市場を生み出すことは困難である。一時しのぎの補助金の下でのアートによるまちおこしは、やはり困難なことではあるまいか。

2

行政が文化政策を通じて、アートマーケットに代わりうるだけの力を発揮できるはずもない。これは、わたしが多くの自治体や文化施設などを訪れての率直な感想でもある。むろん、日々、苦労をしている関係者の名誉のために補っておけば、少ない予算と人員の下で知恵と工夫ですばらしい取り組みが行われている地域もある。ただし、少数である。

にもかかわらず、イデオロギーとしての「地方の時代」と、「アートによるまちおこし」が多くの自治体関係者などの間で語られ、地方文化の振興策が、政策課題として各自治体において掲げられてきた。社会学者の間場寿一は、「地方文化と自治」（間場寿一編『地方文化の社会学』所収）で、この傾向をつぎのように問題視する。

「自治体の文化行政も国政の方針に準拠した後追い型の施策が多い。最近、とみに盛んな美術館・図書館・音楽ホール・コミュニティーホールなどの建設ブームが物語っているように、その多くが、地域に根ざした文化の内容を充実させる方向にあるというより、文化施設の外観と建築物の内装の壮麗さを競う、いわば文化の容れ物に重点を置いた施策を先行させているのが目立つようだ。……今求められているのは、単に中央政府の文化行政からの脱却を説く地方主導型のそれでなく、地域住民のニーズと創意に根ざした文化の発掘・継承・創造・発信を基本とする行政への転換である。」では、間場の説く文化における「地域住民のニーズ」とは、果して何であろうか。間場の問題提起は、この点で具体性に欠ける。一口に地方文化や地域文化というが、一体どの時代のどのような生活様式を、わたしたちの文化というのかは、きわめてあいまいである。いま、各地で町並み保存や、町並み復興などの事業が展開しているが、どの時代までを保存するのか、あるいは復興させるのか。

たとえば、観光業の振興に力を注いできた広島県福山市のケースでは、新幹線で福山駅に降り立った人や、あるいは、通過した人たちは、駅舎のすぐ近くに福山城の天守閣を見ることができる。多くの人は、福山市がかつての城下町であったことを感じる。現在の福山駅は、福山城の三の丸近くに建設された。福山城は、一七世紀前半につくられ、明治維新後に城郭のほとんどはとり潰された。天守閣は残ったが、それも太平洋戦争のさいの米軍の爆撃で焼失した。現在の天守閣は昭和四一［一九六六］年に、鉄筋コンクリートで再建されたものである。

福山博物館蔵の江戸期の福山城下図では、福山城を取り囲むようにして武家屋敷があり、その端に商家町があり、そうした武家屋敷や商家の外周部分に寺社地があった。明治維新後、武家屋敷は武士団の解体とともに、公共施設の用地となったり、士族授産のための田畑となったりした。やがて、明治二〇年代になり、山陽鉄道が敷設され福山駅が建設された。周辺地区には、紡績や製紙関係の工場が建設され、町の様子も変化していった。

当時は、城下町福山の町並みを保存しつつ、発展をはかるような都市計画の発想や思想はなく、虫食い的な土地利用が進んだ。福山を代表する史跡としては福山城のほかに、一四世紀に建立された明王院―前身は九世紀建立の常福寺、本堂は国宝―の五重塔と、その南に位置し鎌倉時代から室町時代にかけて、海上交通と陸上交通の結節点として繁栄した草戸千軒町遺跡(*)がある。草戸は先述の鞆の浦と並んで福山と日本列島各地を結ぶ重要な港町であった。

＊昭和五［一九三〇］年の芦田川の流れを変える工事の際に、千戸の一部が発掘された。本格的な発掘調査は戦後の昭和三六［一九六一］年から、三〇年以上かけて行われた。草戸千軒の町並みは、福山市の広島県立博物館で再現されている。発掘された陶磁器の種類は、近くの岡山県の備前だけではなく、愛知県の常滑や瀬戸、さらに中国やベトナムの磁器もあり、草戸の交易範囲の広さが確認できる。

福山駅から一四キロメートル南に、鞆の浦がある。先にも紹介した鞆の浦は、日本の国立公園第一号となった瀬戸内海国立公園の代表的な景勝地であり、古くから瀬戸内海に点在する島々のなかでも、有数の潮待ち港である。山国である日本は、海上・水上交通に大きく依存してきた。そうしたなかにあって、鞆の浦は、東西の物資交通の中間点に位置することから、明治期になっても、鉄道交通や風に依拠しない動力船に取って代わられるまで、重要な役割を果たした。

朝鮮通信使や歴代オランダ商館長なども、江戸幕府への参上途中に鞆の浦に立ち寄った。ペリー来航に揺れる江戸末期、長州藩とともに京都から追われた三条実美（一八三七〜九一）たち尊王攘夷派七人の公卿も、同地で途中滞在した。また、坂本龍馬（一八三六〜六七）も、伊予大洲藩から借りた蒸気船いろは丸と紀州藩軍艦明光丸との衝突事故処理のために、同地に滞在した。

福山市鞆の浦は商港としての歴史的建造物に恵まれている。また、明治維新史でも、さまざまな歴史をもつ土地として、西の尾道市や東の倉敷市とともに、物語性のある土地である。課題は、観光客だけを対象にするのではなく、実際に住む人たちの日々の生活と、町並み保存や歴史的な建造物や遺跡の保存をどのようにして結びつけるかである。(*)最近では、若い人たちが鞆の浦の民家などを借り受けて、カフェなどを行うケースも出てきている。そうした取り組みが、鞆の浦のもつ地域文化とどのような新しい関係を生み出していくのか、注目しておいてよい。

＊増え続ける自動車の通行が従来の道幅の下では、ますます不便となることなどから、昭和五八［一九八三］年に、広島県と福山市は、鞆の浦を東西に横切ることのできる県道四七号線バイパス建設計画を明らかにした。このバイパス線は、港の両岸を埋め立てて、橋梁で結ぶことから、鞆の浦の景観保護の課題が浮上した。
　景観保護をめぐっては、橋梁建設に必要な最低限度の埋立て案が示されたものの、それに反対する動きもあり、その後、埋立てバイパス案は一時凍結となった。このバイパス問題は、観光業などの産業振興と住民の生活改善とのバランスの問題でもある。

3

高度経済成長期に、過疎化しつつあった山間地や離島を歩いた、民俗学者の宮本常一は、「過疎とへき地教育」（昭和四七［一九七七］年、『宮本常一著作集』一三巻所収）で、文化国家のなかで「へきち問題」があるのは、日本社会だけであることを強い口調で、つぎのように指摘した。

「文化国家のなかで、へき地を論じあわなければならない不幸ほど不幸はないと私は思います。文化国家のなかでへき地があるのは日本だけです。しかもそのへき地が拡大していっているという現実、それはもう根本から考え直してみる必要があるのです。われわれはへき地を解消することについて、この地方から人がへっていくことだけを問題にしていますが、人がへってもかまわないのです。人がへってもへき地ではないはずです。問題は、そこに自主性をもった社会が構築されていくこと、その社会が文化的にも高さをもっているということがだいじなことになるのではないかと思います。」

ややもすれば、人口の減少だけをとらえて、伝統文化保持の困難さが強調される。だが、伝統を守り通することが地方文化政策であると考える民俗学者がいるなかで、宮本は柔軟な考え方をもつ民俗学者であった。この点では、宮本は誤解されている。宮本は人びとの生活から全く遊離したような文化を考え、観察したわけではない。伝統とよばれているものを精査に分析して、現代に継承するべきであると、つぎのように指摘した（「村共同体」、昭和二五〔一九五〇〕年、小中学校での講演録、宮本前掲書所収）。

「伝統とは決して固定した単一なものではなかった。幾時代の変遷を見るならば、伝統とは、むしろその時代時代に生まれるべきものであり、そうあるように改めてゆくことが伝統を守ることなのである。その時代に何が必要であるかを、しっかり分析して発展すべき方向を見きわめてゆくのが本当である。……私たちははっきりと時代を動かしているものを見出さなければならない。それが真の伝統なのである。そのためには、動かして法則を知ることが大切である。そしてそれを展開する人間を作り出すことが必要であろう。」

宮本にとって、「郷土をよくよく認識することによって、自分が新しくなり、自らが新しい時代に生きる法則を見つけ、それをのばしていくことに」、伝統継承の本質があった。この考えは、半世紀以上経った現在でも、正しいのではないだろうか。宮本の言う「文化」とは、単に見えるかたちとしてのものではなく、人びとがその地で「安心して仕事ができる」ベースでなければならなかった。文化と産業とは、切っても切れない関係にあり、宮本は、地域の人たちが自分たちの資金を結集させて、自分たちの力で産業を起こし、維持することの重要性と必要性を熱心に説いた。

自分たちの地域を発展・維持させるための結集力－凝集させる精神性－こそが、宮本のいう継承すべき地方文化の本質ではなかったろうか。宮本は、ミュージアムを、そうした社会教育を果たすべき存在とみた。そして、欧州諸国と日本の地域ガイドブックの比較において、景勝ばかりを取り上げるのではなく、博物館や図書館が重視されているかどうかに着目した。宮本は、前掲「過疎とへき地教育」でつぎのようにいう。

「それらのガイドブックの最初の書かれているものは、必ずとってよいほど博物館です。次に図書館です。それぞれの地方がそれぞれ持っている文化を、胸をはって、だいじにしているのです。自分の国の人のみでなく、外国人にも胸をはって誇り得る文化を、それぞれの地方にもっていて、それを中心にして人びとが動いているのです。それが地方文化を高め、へき地を作らない原因にもなっているように思われるのです。」

それでは、宮本の指摘のように博物館、図書館や美術館などに着目して、胸を張ってそのような施設を中心にまちづくりやまちの再活性化をはかることが可能だろうか。英国で「市民経済（シビックエコノミー）」を提唱して、まちづくりに取り組んできたロンドンのデザイン会社（ゼロゼロ）は、『市民経済概論－都市、町、隣人がデザイン会社ゼロゼロで手掛けた二五の先例から学ぶべきこと－』（邦訳『シビックエコノミー－世界に学ぶ小さな経済のつくり方－』）で、「社会的起業になった」地方博物館の興味深い事例を紹介している。

「地域の歴史博物館の多くが『珍品の陳列』を超えられずに苦労している中、東アングリア民俗博物館(*)が、組織再編をきっかけに、真の市民博物館－社会事業、新しい公共スペース－に生まれ変わった事例を紹介する。公的資金不足と集客数の低迷に悩んでいた東アングリア民俗博物館は、町の活気ある場所として、そしてその経済と能力訓練の基盤として確立された存在になった。」

日本の多くの博物館が来館数の減少に悩んでいるなかで、この指摘は魅力ある内容となっている。

＊東アングリア民俗博物館（MEAL, Museum of East Anglican Life）は、一九六七年に広大な敷地のなかに設立された。二〇〇四年に、トニー・バトラーが新館長として就任し、来館者数の減少に対応するため、博物館の改造と組織再編に取り組むことになる。博物館の敷地に、カフェやピクニック場を設け、地域の活動にも活用できるようにしたほか、さまざまな文化イベントを開催したことで、住民などが気軽に訪れることのできる施設となった。

その後、同博物館は、社会的企業を設立し、英国政府の若者、障害者、長期失業者の就労支援などのプログラムを導入している。このように、東アングリア民俗博物館は単なる博物館ではなく、地域の公共活動の場となっている。

同書は、東アングリア民俗博物館から学ぶべきことを、つぎの三点にまとめている。

（一）博物館の存続問題の原因と対応方向－「集客の少なさではなく、コミュニティ資源として十分に利用されていないこと……彼は（新任館長－引用者注）、他のソーシャルベンチャーにヒントを得て、地域の住民やサービス業者と連携して、博物館を町の社会的・物理的機能に融合させる取り組みを行った。とくにスキルやアイデアやニーズはあるが地域の文化機関からは十分なメリットを得ていない弱者側に焦点を当てた。」

（二）新たな用途を推進力とする－大規模な費用のかさむ改修よりは、既存のスペースを有効活用し、カフェなど日常的に利用できる施設を設けるなどして、地域住民の雇用や生計に結びつけることで、博物館の知名度が高まり集客数が増えた。

（三）地域活動連合の構築―博物館は、「文化財に関する仕事に専念し続けながら」、外部人材―ボランティアを含む―を利用して、地域との絆をつくりだした。

こうした方向性については、住民の間で意見対立があったことは想像に難くない。本来のミュージアム―博物館―の伝統的な役割は、蒐集・研究・展示であって、地域のさまざまな活動に場所を提供することではない、という考え方もある。他方、展示されても来館者が少なければ、展示効果が発揮されないという批判から、地域の活動と連動して来館者を増加させることも、博物館の仕事であるという解釈もある。

この種の議論は、必然、ミュージアムとは一体何であるのかという点に行きつく。日本でも「町の社会的・物理的機能に融合させる取り組み」として、「カフェなど日常的に利用できる施設」も設けられようになった。これらのさまざまな地域活動は試行錯誤されてよい。こうした試みは、博物館の内外での交流を通じてやれる余地がまだあるのではないだろうか。

4

公立ミュージアムを、もっと身近な生活に取り込むにはどうすればよいか。メディア論からミュージアム論を展開してきた村田麻里子は、『思想としてのミュージアム―ものと空間のメディア論―』で、ミュージアムは単に蒐集・分析・展示という場を提供するだけの空間ではないと強調する。村田はミュージアムという存在は決して没歴史的で中立性の強い展示スペースではなく、そこに各国の歴史が刻まれていることを鋭くはぎ取ってみせる。たとえば、西欧諸国のミュージアムには、帝国主義―領土拡張―をへて形成された欧州近代社会の思想が色濃く反映されてきたことを強調する。

博物館の誕生以前には、博覧会の時代があった。「世界各国に遠征したヨーロッパは広大な植民地を手に入れ、資源や労働力を意のままに移動させることで『近代世界システム』（Wallerstein）を完成させていったが、博覧会こそは、西欧近代の富と権力を蒐集し、展示し、強化していく巨大な表象装置として機能した」のであって、ロンドン万博であれパリ万博であれ、自分たちの進んだ文化や文明との対比において、植民地の「野蛮人」の生活文化が展示されたのである。

博覧会での展示品が、恒久的にミュージアム―博物館―に展示され、「西洋人はオリエントに出かけていき、『未開』の人々を眺め、そしてその反対の像として自分たちの『文明』を意識化させていった……この視覚によって、世界を俯瞰し、蒐集し、分類し、そのなかで、他者を自分より劣勢の存在として位置づけ、それを科学的に正当化していくことで西洋近代の知が確立されていく」。こうした経緯をへて欧州社会で定着してきたミュージアムは、日本ではどのような経緯を辿ったのだろうか。村田は、日本で国家が積極的に博物館を設けたのは、当初は、学ぶべき西洋近代のモデル展示として、その後は、アジアでの植民地主義と自国の近代化の対比を国民に強く意識させる場として、認識していたことを示唆する。モデル展示ということであれば、学ぶべき事柄が強く意識されることになる。（＊）

＊村田は、社会教育機関としての色彩が強い日本のミュージアムについて、「社会教育（通俗教育）推進をはかるという形で、日本の博物館は教育色・イデオロギー色を色濃くしていくことになる。ちなみに、コレクションではなく社会教育を全面に押し出す博物館は、蒐集文化の土壌がない日本にはむしろなじみやすいものであった」と述べる（村田前掲書）。コレクション重視でなく、社会教育機関の場としてのハコモノ＝建物に傾斜すれば、地方自治体のハコモノ行政と合致して、数からすれば、日本は世界でも冠たるミュージアム大国となっている。

ただし、欧州諸国のミュージアムも、植民地の独立によって変化した。すなわち、かつての優劣の対象としての蒐集物展示から、アート―作品―の展示へと転換していくことになる。アートは、「進んだ」「遅れた」、あるいは「優れた」「劣った」という比較評価の視点からは、本来、自由である。この背景の下で、近年、かつては見られる対象であったアジア諸国でも、博物館だけではなく、アート・ミュージアム―美術館―も、増加し続けている。そのなかには、欧米諸国の美術館の分館なども含まれる。

そのような美術館が、観光客を引きつける観光ビジネスの目玉として宣伝され、地域活性化あるいは地域再活性化のために、美術館活用の必要性が強調される。むろん、日本でも同様である。(*) しかしながら、日本の多くの博物館が、郷土の文化財をアートとして展示・美術館化して、厳しい地方財政事情の下で生き延びていく保証などはない。

＊詳細はつぎの拙著を参照。寺岡寛『地域文化経済論―ミュージアム化される地域―』同文舘（二〇一四年）。

この意味では、先に紹介した東アングリア民俗博物館が地域の人々がイベントなどで気楽に集まれる公共の場として存続することで、はじめて博物館の本来の役割が果たせるようになった現状を、他山の石として傍観することなどできない。ミュージアムの新たな役割が、模索されて当然であろう。

地域文化イメージ論

1

地域イメージは、単独ではなかなか形成されない。中央との対比のなかで地域というイメージは形成される。とりわけ、「地域」を「地方」と言い換えた場合には、どことなく、中央の下部という暗黙の関係が滑り込む。

すこし歴史を振り返ってみたい。第二次大戦下で、大政翼賛会の文化部長(*)―昭和一五［一九四〇］年から二年間―を務めた劇作家・小説家の岸田國士（一八九〇～一九五四）は、昭和一六［一九四一］年に、「地方文化の新建設」という論稿を発表している（『岸田國士全集』所収）。

岸田は、そのなかで、「今日、国民文化の向上といふ問題を考へる時、真に新しい文化運動といふものが考へられる……この時に当って最も大切なことは、国民が文化を全く新しき時代に即応して再認識することである。従来ややもすれば、文化をもって政治、経済は勿論のこと、国民生活とは全く遊離した贅沢物乃至は装飾品のごとく考へ、それが根本概念に於て、著しく消費的、享楽的であり、且つまた個人的、非公共的性質を帯びていたことは争はれぬ事実である」と指摘する。岸田は、迫りくる戦争体制の進捗の下、それまでの国民の消費生活が、厳しい状況になることを示唆しようとしたようにも思える。

*昭和一五［一九四〇］年一〇月、近衛文麿（一八九一～一九四五）首相は、軍部の動きを牽制するため、国民一般を中心に国民統合をはかる新体制運動の推進母体として、大政翼賛会を創立した。翼賛会の一つの組織として、文化部が設けられ、さらにその下で地方文化委員会が設けられた。

文化部は、大政翼賛会道府県支部の下で組織された道府県文化委員会、都市文化委員会、町村文化委員会、道府県単位の地方文化団体連盟、小地域文化団体や職域文化団体とも連関をもっていた。大政翼賛会自体は、国民一般と相互性をもったとはいえず、実際には、上意下達の行政下部機関―公事結社―化していくことになる。

戦時下で、予想される耐乏性格を文化で乗り切ろうという「国民文化」＝精神運動については、岸田は、

「伝統の自覚とは」単に昔がすべてよいということではなく、「我が国文化の本質に基づきつつ新しい時代の文化を創造する」ことを強調した。皮肉っぽく振り返れば、戦争体制の下で困窮化し始めていた国民生活、とりわけ、地方の物質的生活を精神性に訴えて耐え忍ぶ、その後のあり方を、岸田は感じていたのだろう。

「日本文化の正しき伝統は、外来文化の影響の下に発達した中央文化のうちよりも、特に今日に於ては地方文化の中に存し、これが健全なる発達なくして新しき国民文化の標識を樹立することは不可能ともいふべきである。地方文化振興の意義と使命はここにあるのである。」

民俗学者の宮本常一の見方では、日本の中央集権体制や交通の発達によって、外来文化の影響が、中央へ集中し、その配電盤を通して、地方へ文化が流れる構造となってから、地方文化はむしろ停滞するようになったとする。いずれにせよ、岸田は、日本の正しき伝統は、地方文化のなかに存していると主張する。岸田は、地方文化振興の方向性をつぎの三項目に整理した。

（一）「郷土の伝統と地方の特殊性とを尊重し、地方、地方がその特質を最大限に発揮しつつ常に国家全体として新たに創造発展すること。」

（二）「従来の個人主義的文化を止揚し、地方農村の特徴たる社会集団関係の緊密性を益々維持増進せしめ、郷土愛と公共精神とを高揚しつつ集団主義文化の発揚をはかり、以てわが家族国家の基本単位なる地域生活協同体を確立すること。」

（三）「文化および産業、政治行政その他の地域的偏在を是正し、中央文化の健全なる発達と地方文化の充実をはかり、両者の正しき交流によって、各地域に均衡ある文化の発展を期すること。」

地方文化の内容は、伝統的行事、演劇、舞踊、民謡、和歌・俳句、その他の文学などの郷土芸術、民芸、文化的遺跡など広範囲である。従来、こうした地方文化は、「趣味的に過ぎ、お祭り騒ぎであり、一般国民の生活を対象とするよりも、むしろ好事家を対象とする如き感」があり、「甚だしきは図書館、博物館等が組織から除外されている」なかで、文化行事などが地方の行政機関との協力の下に実施されていないことが問題視された。岸田は中央ではなく、地方が中心となって地方文化を振興すべきと説くが(*)、実際には、地方には文化運動を起こすだけの組織力がないことに薄々気づいて、いら立っていたようにわたしには思える。

＊岸田は、地方にもたびたび講演に出かけている。北陸地方文化協議会の講演会では、地方文化運動が、ややもすれば、「文学運動であり芸術運動であるといふ誤った印象を与へたやうであります」と現状を振り返ったうえで、「この言葉（文化―引用者注）が日本語として未だ非常にナマな言葉であり、新しい言葉であり、更に他の新造語と同様、非常に乱雑に使はれている結果……広義においては、（文化は―引用者注）少なくとも国民の理想を追求する過程において、作り出して行く生活の表現である……『地方文化新建設根本理念』の中にも挙げてありますように、学術・宗教・教育・文学・芸術・新聞・雑誌・放送・出版・体育・娯楽かかる職域を文化部門と考へて宜しいかと思ひます」と述べている。

岸田は、地方の人たちに、地方文化の「文化」ということが、正しく理解されていないことを率直に語っている。そして、地方的特色をもつものが地方文化であり、それゆえに、「地方文化が中央の文化に比較して水準が低いといふ誤った考へ方を一掃しなければならない。これは、文化は中央に於て形づくられ、それが地方に分布されるといふ考へ方によるものでありますが、一国の文化は決して中央都市でのみ作り出されるものではないことは申すまでもなく、特に地方生活、産業に結びついた伝統の強味は一国の文化を形成する上に最も重要な要素であります。……文化は元来特定の指導者によって建設されるものでなく、国民の自主的想像力が特に重要であります。」と説いている。

さらに、「地方文化運動の具体的目標は、私はいわゆる『生活力の強化』」であるとして、生活力の強化とは①「勤労を含めた生活能率の増進」、②「肉体的精神的健康性の向上」、③「生活を通じた国民の品位の向上」であるとした。必然、岸田にとって、その役割を担うのは、芸術家ではなく、国民一般であるとされたのである。岸田国士「生活力の強化―北

陸地方文化協議会講演―」（『岸田国士全集』第二五巻所収）。

岸田は、「宙に浮かないやり方で徐々にそれぞれの地方に、一つの新しい文化的雰囲気を作り出すことが大切なのであって、……将来地方に於てある種の文化活動を目指す人たちが、必ずしも、中央の大都市に出て初めてその志を全うするといふような、従来の中央集権的な風にとらはれず、それぞれの郷土に於て十分その才能と力量を発揮し得るやうな時代を予想するものである」と指摘した。岸田の指摘には、この五か月後に、太平洋戦争へと突入する当時の日本社会の雰囲気をどことなく伝えてくれている印象がある。

実際のところ、地域工業の軍需生産体制への取り込みによって、表面的には地方庁の役割が強く押し出された。しかし、中央集権的な強権の下で、日本の地域社会は一方で不要不急の祭事や行事などは自粛され、他方で、地方工業の軍需化によって戦時体制下に組み込まれていった。また、岸田の時代には、現在も問題視されている地方文化の課題、とりわけ、担い手不足の問題はすでにあった。

数年後に、日本社会は敗戦を迎えることになる。敗戦の翌年、作家の宮本百合子（一八九九～一九五一）は、地方文化の現状と課題を「木の芽だち―地方文化発展の意義―」で取り上げている（『宮本百合子全集』第一六巻所収）。百合子は、いままでの日本社会では、「都会の文化と地方の文化とは分裂させられていた。（出版業を例にとり―引用者注）企業にとって、地方は文化的植民地めいた関係におかれた。地方そのものの文化的想像力は高めようとされず、その性格をより充実させ、高貴ならしめようとは援助され」なかったとみた。彼女は、中央に収奪される関係での地方文化のあり方は、日本の民主化―戦後日本社会―のなかで変化すると、とらえていたのではあるまいか。百合子は、この点をつぎのように論じた。

「地方文化と都会文化との分裂、地方が文化上の搾取に会うことは、民主精神が伸長して、地方における人民自治の実質が高まったとき、根底から変化させられる。……本当の民主の生活とそのこころが身につけば、地方が所謂地方主義に陥ることもなくなって来る。自分の地方だけの独得性、その価値、その主義を固執する心理の原因は、一方に単調な、画一な中央主義がある場合である。……今日、地方に、文化の動きが多いということは、ただそれだけのことではないと思える。日本の全社会が、どんなに動き出して来ているかという証拠であると思う。」

この予想図は苦しい戦時期の終焉という当時の雰囲気の下で、やや楽観的にとらえられたものでもあった。

これに対して、同じ敗戦の翌年に、作家の坂口安吾（一九〇六〜五五）は異なる見方を示した。坂口は、岸田がある種の過大評価を下した地方文化に対して、それは純朴な農村を念頭に置いた伝統的な地方文化のイメージにすぎないととらえ、戦後における地方文化の発展にも疑義をはさんだ。坂口は、むしろ、排他性（＝悪弊）によって守られてきた農村文化へ辛辣ともいえる批判を加えた。そして、「地方文化の確立について」（『坂口安吾全集』第四巻所収）で、つぎのように論じている。

「日本に於ける農村の伝統的な生活形態とよばれるものは全く排他的性格によって歪められたものであると言はねばならぬ。民俗学や土俗学の愛好者達が農村の古い習俗に眼を向けて探究を進めることは結構ではあるが、その偏愛の結果が土俗への愛着や保存に向けられるのは奇妙な話であり、発見せられたる畸形の素因は取り除かれ、新しい正当な発育に導かなければならない。」

坂口は戦時中の地方文化＝農村精神には批判的であり、中央にあって政治の中枢にいた軍人たちにそもそも文化がなかったことが、日本の敗戦を招いたと批判した。視点の背景は異なっても、中央文化に対する警戒心はそもそも強かったのである。そして、坂口は、地方文化の発展の課題をつぎのように指摘した。

「全く農村には生活感情や損得の計算はあるけれども思想だの文化といふものは殆どない。公共の観念や自主的な自覚が確立されなければ、思想も文化もある筈がないので、農村の思想だの農民文化だのと簡単に言ふ人があるが、農村には思想や文化があるとすれば、思想以前、文化以前の形態に於てであろう。……（坂口が一時過ごした京都について―引用者注）この街には一流の精神がないといういふことであった。つまり本当に自主的な精神がない。常に東京といふものを念頭に置き、東京ではかうだといふ風に考へて自分の態度を決定する。……古い文化をもち、曾て王朝の地であり今日もなお東京と東西相並ぶ学問の都市である京都ですら、然りである。第一流の精神の欠如、自主的な自覚の不足といふことは、地方文化の全般的な通弊であり、この一点に革命的な生気がもたらされぬ限り、地方文化が独立して発育をとげる見込みはない。東京の亜流である限り地方文化といふ独自な創造は有り得ぬのである。」

日本社会では、地方はつねに中央との関係で意識され、論じられてきたのである。この見方は、わたしも含め、知らず知らずのうちにどことなく根付いてしまっている。

ところで、ここまで、地域や地方という言葉をさほど意識せずに、わたしは使ってきた。先に取り上げたように、「地域文化」と「地方文化」の対比では、中央に対する語感としては、「地方」の方が中央の下位へと暗黙裡に置かれる傾向が強い。

「地方」を「地域」という言葉に変えれば、それだけで文化が向上するわけではないが、地方文化に代わる言葉として、地域文化のほかに適切な言い方があるのかどうか。地方文化が地方という言葉が冠されることなく論じられるようになったときに、新たにふさわしい言葉がでてくるにちがいない。

2

昨今、外国人向けに日本の観光が、"Visit Japan"のキャンペーンの下に振興されている。かつては、日本人向けに"Discover Japan"の下に、観光が宣伝された時期があった。背景には、モノからサービスへの消費喚起のほかに、モータリゼーションのなかで、鉄道など公共交通への需要喚起があった。"Discover Japan"のさまざまなポスターを覚えている人は、とりわけシニア層に多い。栗谷川健一（＊）（一九一一～一九九九）は、観光ポスターを芸術の域にまで高めたデザイナーであり、彼の作品はいまでも美術館の企画展で目にすることができる。

＊栗谷川健一は、北海道岩見沢に生まれた。高等小学校卒業後、一四歳で札幌の看板店に入り、映画看板の職人となり、のちに小樽や函館の松竹座に移った。二一歳のとき、栗谷川は図案研究会を結成し、グループ展を開催している。昭和八［一九三三］年、栗谷川は、小林多喜二虐殺事件に抗議してポスターを制作・展示したことにより逮捕・拘留された。翌年から油絵を学び始め、その後、札幌鉄道局の観光ポスター、松竹の映画ポスターなどを描いた。
　戦後はフリーとして多くの観光ポスター、競技大会ポスター、博覧会ポスターなどを描き、日本を代表する著名なデザイナーとなる。昭和三九［一九六四］年には、北海道デザイン研究所を設立。北海道デザイン協会会長に就任、北海道文化賞受賞、地域文化功労者の文部大臣表彰などを受ける。

栗谷川健一が、日本を代用するデザイナーとして、世に知られるようになったのは、昭和四三［一九六八］年の冬季札幌オリンピックのポスターであった。冬季札幌オリンピックは国家の最大プロジェクトであり、東京の大手広告代理店主導で進められるなか、栗谷川は、北海道を意識させるような大会ポスターを描いた。北海道立美術館学芸員の鎌田亨は、『栗谷川健一―北海道をデザインした男―』で、東京中心の国家プロジェクトの企画・運営は、それまでのディスカバー・ジャパンと同様に「健一の心にひとつの、しかし大きな引っかかりを残した」として、札幌オリンピック開催後に栗谷川が残したつぎの文章を紹介している（栗谷川健一「北海道の文化水準を高めるために」『ペック』第二号、一九七四年）。

「日本が行う大会だから日本の威信をかけて最高レベルのものをと考えるのはごく当たり前のことといえる。しかし、もし組織委員会が、すべてのものを地元中心にと考えたとしたらどの様な結果が生まれたであろうか……（中略）……札幌オリンピックは地元にやらせてみようくらいのおおらかさが、もし実現していたら、地元文化にとってどれほどの貢献であったか計り知れない……」

栗谷川は、「北海道に限らないが、地方が本当に地方のための向上をはかるにはどのような分野でも一時期、田舎臭いもの、土の臭いのするものから育てるべきではないか、それを恐れていては本物の地についた文化は時間を無為に過ごすだけではないか……（中略）……土臭さを質の低さと同意語と考えるのは間違いだと思う」とも論じている（栗谷川・前掲稿）。

その後、栗谷川は北海道デザイン研究所を札幌に設立して、後進の育成に熱心に取り組んだ。鎌田は、栗谷川のそのような歩みを、「健一がそう語ってから四〇年近くの時がたとうとしている。……他の何ものにもよらず、北海道ならではのデザインを一から生み出すことは、長い時をかけなければ達成できない。はるかな道程だろう。しかしその迂遠とも言える道筋が、欠くべからざる貴重なものであることを、栗谷川健一は確信していた」と位置付ける。

栗谷川が北海道＝「地方」の視点から東京＝「中央」を意識した際に、東京の人たちはどのような意識をもっていたのか。江戸期も明治維新後も、東京は、他地域から新しい人たちが流入することで、さまざまな文化が混在した雑文化の地ではなかったのであろうか。さらには現在にいたるまで、政治の中心とともに、経済においても、東京は日本の中心となってきた。東京で政治と経済は密接に結びつき、その政治経済力が地域から人と資金を吸引しつづけた。東京が人びとを吸引しつづけた点について、民俗学者の宮本常一も「民俗学よりみた日本の文化」（昭和四七〔一九七二〕年講演録、『宮本常一著作集』第一三巻所収）で、つぎのようにふれている。

「この一〇〇〇万の中で三代以上住んでいる人の人口は二〇〇万に足らない。八〇〇万までは、よそから入ってきておるのです。……その東京で先生をしている人たちを調べますと、東京出身の人ではほとんど先生をやっている人たちはいないのです。……東京に住んでいる人たちが東京人としての意識を持っているかというとほとんど持っていないのです。」

また、宮本は、東京都の人口に比べ墓地＝墓石の数が極端に少なく、多くの人が郷里に墓石をもっているなかで、「本当に市民意識が生まれるだろうか」と鋭く問う。教員の出身地については、大阪府でも、地元出身者だけでは学校教員数の充足が困難であり、教育委員会の職員が九州各地にも募集案内をもって、飛び回ったことを聞いたことがある。墓石の話は、大阪や名古屋などの大都市圏についても妥当しただろう。

宮本の指摘から半世紀を経過して、東京でも世代交代が進み、東京で生まれ育った人たちの数も、かなり増加した。そうした人たちは、父母や祖父の郷里とのつながりがますます薄れつつある。では、地方とは異なる、東京都民としての「市民意識」は、表出したのだろうか。東京の政治経済力が突出し経済的利害の中心をなす配電盤のようなかたちで、東京という場―フィルター―を通して、さまざま情報やモノが地方へと伝番することで、地方の文化も従来とは異なってくるだろう。

宮本は、文化とは情報やモノの伝搬経路の下で形成されることを多くの事例で示してきた。宮本が特に着目したのは、地域同士が結びつくことで、互いに直接その影響を受けることの重要性であった。現実には、東京や他の大都市を経由することで、地域文化の形成力にもそれまでとは異なった変化がみられてきた。「北海道をデザインした男」として世界でも知られた栗谷川の危惧は、文化なるものが地元ではなく東京においてもっぱら消費され、その二番煎じあるいは三番煎じ化されて伝わった情報などに依拠する地方の実情であった。気骨ある栗谷川は、それを嘆き、そのようにして地方の文化ポテンシャルが低下していくことに、いかに抗することができるのかをデザインを通じて模索し続けた。

3

東京の二番煎じ、三番煎じのイメージの地域文化は、東京という中心地にとってもはたして刺激的なのだろうか。たとえば、美術館などミュージアムの設立時期をふりかえってみると、一九八〇年代に建設された施設、とりわけ、市立の公立美術館などが目立っている。背景には、バブル経済の下、余裕ある地方財政による大盤振る舞いという時代的ムードに加え、竹下登内閣下の（*）「ふるさと創生」プランという、バラマキ政策の実施などがあった。

*竹下登（一九二四〜二〇〇〇）―中学教員、島根県議会議員をへて衆議院議員連続一三回当選。自民党内の要職、第一次・第二次中曽根内閣の蔵相などを経験して、昭和六二［一九八七］年に内閣総理大臣に就任。消費税など税制改革を実

行したものの、リクルート汚職事件により辞職。
「ふるさと創生論」は、昭和六二［一九八七］年の自民党総裁選挙の際に、竹下が掲げた政策構想であり、東京への一極集中を是正するために地方振興が強調された。全国の市町村に一律一億円を交付し、その使途を各自治体の創意工夫に任した。自治体のなかには、東京などのコンサルタント会社やシンクタンクに、使途計画案を任せたようなケースもみられた。

底流には、東京と地方の「文化格差」の是正をはかろうとする意識もあった。見えるかたちのミュージアム―美術館、博物館や記念館など―の建設という「ハコモノ行政」に依拠した自治体も見られた。ミュージアムの建設が、すべて悪いわけではなく、それをどのように自分たちの地域社会の持続的な発展に結びつけるのかという展望がなかったところに、大きな問題があった。現在もそのように思える。実際、多くの地域が公共施設の維持管理―建て替えも含め―に四苦八苦している現状をみると、あらためてその感が強い。

ミュージアムを建設した時、そこには、どのような政策的配慮があったのか。文化経済学者の後藤和子は、「文化政策とは何か」で、公共政策としての文化政策には「総合性」、とくに地域単位での文化政策には、まちづくりや生涯学習、産業創出に関わる公共性が必要であることを強調したうえで、地域の文化施設の問題点をつぎのように指摘する（後藤和子編『文化政策学―法・経済・マネジメント―』所収）。

「一九八〇年代、文化ホールや美術館が多数建設されたが、そうした文化施設は、赤字にならないように、かつ年間稼働率が低くならないように運営していればよいというものではない。文化が、人々の生活や地域の発展にどのように関わるのかという視点から、地域公共政策の中に位置づけることが必要である。」

この種の指摘は、結局のところ、地域社会の「健全」な発展にとって、赤字が正当化される文化とは何か、という問いを生む。この問いは、抽象的な課題へと行きつく。一九八〇年代になってから、文化政策や美術館の企画・運営に関わって、アーツ・マネジメントの必要性が盛んに論じられるようになったのも、苦しい地方財政の下での経費削減要請の強まりという背景からであろう。

他方で、そうした文化施設を活用しつつ、空洞化する地域産業に代わりうる観光業などサービス分野の振興計画が地方自治体でも立案されるようになった。振興計画には、文化政策というきわめて抽象的で、つかみどころのないような視点が導入されたが、より実質的な意味―表立った表現ではない―で、そこにあったのは入館者数のみに一喜一憂する姿である。入館者数を増やすだけであれば、イベント政策としての地域文化産業政策を前面に押し出せばよいであろう。

地域文化産業政策とは、美術館などの施設をつくることだけではない。また、集客が期待できるイベント政策との連動だけでもないはずだ。考えてみれば、すでに多くの地域に、それなりの予算を投じて建設された美術館などが存在する。それらをいかに文化と経済との連関性を高めるために活用するかが議論となってくる。

換言すれば、美術館などミュージアムを起点とした地域の文化振興と産業振興がどの程度の同調性をもつのか、このことが問われてきたといってよい。文化政策を地域の産業育成などの経済政策としてとらえれば、それは地域の具体的な産業とどのような関連性をもつのか。

文化経済学者の池上惇は、「文化産業の発展」で、文化の振興とまちづくりが関連付けられてきた傾向を挙げたうえで、「文化によるまちづくり」の可否は、「地域固有の文化的な要素を持つ文化産業が存在し、他方では、その固有の文化性を評価して受容し、一定の貨幣ストックを持つ他地域の消費者が存在している」か否かだと強調する（後藤・前掲書所収）。

池上は、文化産業を「文化産業財を生産し、供給する産業」と定義し、その競争力を「地域固有の質の高い財」を生み出す力としてとらえている。重要なのは、文化産業財なるものを具体的にどのようにとらえるかである。この種の議論は、いつもながら、具体性と実践性に欠ける抽象的な政策論議となってしまう。池上自身は、文化産業財あるいは文化・芸術サービスをつぎのように整理している。

（一）文化産業財―「表現されたもの」としての楽譜、美術、彫刻、工芸品、芸術的建築物、芸術的インテリア、芸術的都市空間など。

（二）芸術・文化サービス―実演芸術、身体表現など。

そうした文化産業財やサービスは、従来の工業製品のように一律的・画一的なデザインの下で大量生産され、流通し、大量消費されるのではなく、きわめて嗜好性が高く、優れたデザイン力に負う多品種少量生産―場合によっては一品生産―で、個別の小さな市場でのみ消費される傾向が強いものである。池上は、こうした文化産業財を生み出す産業＝文化産業について、つぎのような価値創造の効果をもつと指摘する。

（一）プレスティッジ価値―創造的なデザインと技術を持つ産業や、美術館、劇場、芸術家、団体があるコミュニティや国から生まれたことによって、その施設や国への評価が高まる効果（プレスティッジ価値）をもつこと。

（二）情報発信価値―優れた芸術的成果が、情報として発信されることによって、その地域の情報通信サービス事業、出版事業、印刷、電子コピーなどの事業が発展し、これによって、他地域との交流も加速されること。

（三）地域事業価値―芸術性のある製品、作品などを発表し、陳列し、演奏する施設の近辺では、地域の多様なビジネスを活性化させ、創造性に共感する人々の訪問によっても地域内の事業や観光業が活性化すること。

（一）については、パリ、ニューヨーク、ミラノ、日本では東京や京都などのもつ、イメージを取り込んだ商品やサービスが典型である。ただし、地方都市が地域のもつイメージを確立・浸透させることは、予算面、人材面、組織面のうえで必ずしも容易ではない。反面、きわめて嗜好性が高く、優れたデザイン力に依拠する多品種少量生産あるいは一品生産という面においては、小さなローカル市場を獲得することで、文化産業が成立できる余地もある。その場合、（二）の情報発信は、ＩＣＴ（Information and Communication Technology）の発達によって、ネット社会での対応も可能になりつつある。これからは、この方面でのきちんとした政策立案が重要である。

（三）はネット社会でのバーチャルな経験ではなく、実際にその地を訪れることなくして、消費できない財やサービスに関わる産業の振興である。方向性としては、（一）→（二）→（三）という流れを、政策的に後押しできることが重要である。なお、池上は（一）をプレスティッジ価値としたが、実際には地域の文化イメージととらえたほうが適切ではないかと思われる。

第五章　地域文化社会論

地域文化と文化社会

1

「文化」とは、つまるところ、地域に何世代にもわたり、住んできた人びとの「働く・生活する」の総体である。地域の自然環境や社会環境のなかで、長年にわたる生活習慣などの歴史的蓄積が文化の型を形成してきた。それが近代社会＝工業社会において、働く＝生産・流通・販売などの活動に加え、生活すること、とりわけ、消費生活が大きく変貌した。文化は変貌する。

米国の文化社会学者スチュアート・ユーウェンは、『すべて消費イメージ―現代文化におけるスタイルの政治学―』（邦訳『浪費の政治学―商品としてのスタイル―』）で、欧米社会で一八九〇年から一九二〇年の間に、産業組織や生産方法で質的な変化―会社の巨大企業化や機械による大量生産の登場―が起こったことで、文化もまた大きな変容を遂げ始めたことを、つぎのように指摘する。

「この変化のなかで、文化じたいも宿命的な変化を被っていた。社会に生き続けるひとびとの知識や習慣の蓄積が〝文化〟であると考えるなら、日常生活の産業化によって、文化の習慣的な構造は大部分が変化したといえるかもしれない。生活必需品はしだいに、近代的な大量生産システムによって製造された。この生産方式は国内的、国際的なマーケットの拡大を必要としたので、企業は販売技術のなかでもとくに広告の利用を拡大した。広告は、工業製品の便利さや魅力を伝えようとするだけではなく、日常生活のなかで利用しうる物質やその選び方に関するひとびとの考え方をつくり直すことに努力した。」

その頃から、大企業でデザイン部門が設けられ始めたのは、単なる偶然ではない。ユーウェンが、同書でドイツの電機メーカー―ＡＥＧ―の事例に言及するのもそのためだ(＊)。第一次世界大戦で疲弊した欧州諸国に代わって、世界経済の中心となった米国では、消費スタイルをイメージさせるデザインと広告活動が密接に結びついた。デザインは、その時期の文化傾向に取り組み始めた。消費スタイル＝消費文化＝消費のためのデザイン活動は、一層活発となっていく。

＊デザイナーは統一的な企業イメージと製品イメージを統合する仕事を担っていくことになる。ユーウェンは、ＡＥＧのデザイナーとなった建築家ペーター・ベーレンスの仕事について、「タービン室の改造から小さな宣伝用のシールにいたるまで」、「会社の建物、商品、広告の新しいデザインをつくり直すこと」にあったとした。ユーウェンは、「はかない世界のなかで企業だけが不変だということを想起させるために、統一した『企業イメージ』を意識的に流布させるようになったのは、これがはじまりであった一九世紀には、無差別な過去への敬意が安ぽっいイメージのカオスを生み出していた。

二〇世紀のはじめになると、製品の調整、規格化、管理という企業の必要はしだいに美的な表現をもちはじめ、一貫した企業デザイン戦略の一角を形成するようになった。ベーレンスのＡＥＧでの任務は、やがてつくられるであろう工業デザイン部門の原型を考案することであった」と指摘する。その後、デザインは、「生産だけではなく消費を裁量に入れる」広告の興隆につながっていくことになる。

地域、文化、社会を市場経済下の消費拡大へと結びつけるデザインは、文化との親和性を高める。ブランドの登場もそうした動きと無関係ではなかった。映画・演劇や音楽―特に劇中に流れる音楽など―での生活スタイルが、デザイナーたちによってイメージ化＝コピー化され、広告業はモノを生み出す直接の生産ではなく、モノの消費を促すイメージ産業として成立する。かつての地域社会の顔の見える生産と顔の見える消費という社会構造は、広告業の発達と相俟って大きく変貌した。

現在では、生産と消費との関係は乖離し、さらに多様性をみせる。顔の見える生産＝国内生産は変貌した。顔の見えない生産＝国外（海外）生産は多品目にわたる。日本の伝統製品が、いまではアジア諸国で生産されていることに、多くの日本人は驚愕しない。ICT（Information and Communication Technology）の急速な発達により、労働集約的仕事はクラウド・ソーシング化され(＊)、国内での作業は国外へとさらに移転する。

＊企業などがインターネットを通じて、社内ではなく社外の不特定多数の人びとに業務を委託することである。専門家だけでなく、よりオープンな人的ネットワークを活用することで世界の中でより安価な労働力を利用することも可能になる。

顔の見えない生産物がますます消費されるようになった。顔の見える地域の店舗でというスタイルもまた変化した。かつては無店舗販売と呼ばれ、現在ではインターネット通信のネット販売で、顔の見えない地域から翌日配送で、わたしたちの手元まで商品が届く。販売側と購買側が顔を見せなくても、商品の購入が可能となる消費文化が定着している。

そうしたなか、人びとと自然、人びとと社会との関係で形成・継承されてきた文化は、その関係をますます断ち切る。現在では、人びとと社会との関係が変化し、生産と消費のスタイルは従来の国民文化、さらには地域文化に大きな影響を与えつつある。それゆえに、空疎なイデオロギーとして国民文化や地域文化の振興が叫ばれる。

2

米国社会での消費の社会的意味を明らかにした経済社会学者ソースティン・ヴェブレン（一八五七〜一九二九）が予想したように、ブランド＝商品イメージ＝デザインの三面等価の下で、消費は進展してきた。工業化が加速され、大規模組織を中心とする大量生産の時代には、商品の大量消費なくして、大規模生産とそれを支える大規模組織＝大企業体制は維持されない。大量生産の先に大量消費の時代を見通し、そこでの消費形態に注目したヴェブレンは、一九世紀末において、二〇世紀型の経済社会のあり方を、裕福な有閑階級の消費スタイルに見いだしてきた。

消費者はつねに新しさを要求し、消費は、消費者への刺激なくして起こらない。また、流行は自然に任すのではなく、つくりだすものである。そうした傾向からいって、欧米社会での広告業の発展と大量生産・大量消費時代の到来とは、無関係ではありえない。まず、消費を生業とする有閑階級―経営者の妻など家族や遺産相続者など―は、新商品をつねに追い求める。彼ら少数者のための商品は高価である。他者から目立つ商品を購入することは、「働かず消費する」ことを「仕事」とする階級＝有閑階級だけの特権―ヴェブレンの用語では「顕示的（これ見よがしの）消費」―である。やがて、それら目立つ商品が安価に大量に生産され、一般人でも手の届く範囲内へと、価格が引き下げられ大量消費となる。もちろん、特権階級のみの消費市場よりは、大衆消費市場のほうが、大規模生産を得意とする企業にとっては、収益を安定的に確保できる。こうして、有閑階級はつぎつぎと生まれる新しい商品の消費リーダーとなる。

社会心理学者のエーリッヒ・フロム（一九〇〇〜八〇）も、大量生産・大量消費の背景にある大企業体制の成立を見逃さなかった。フロムは『自由からの逃走』で、社会が市場原理の浸透によって経済優先の社会へと移り、人びとが「次から次へと物を買い込む」受動的消費者となり、大量消費が広告・宣伝などの大衆操作によって維持される社会の到来を見通した。大量消費文化は全国ブランドーナショナル・ブランドーの登場と定着なくして、成立するものではない。わたしたちの経済生活へ、消費文化はますます浸透してきた。だが、無限の消費拡大と、それを支える無限の収入拡大というサイクルは、一部の富裕層ーヴェブレンでは有閑階級ーの顕示的消費スタイルを除いて成立しがたい。無限の消費を取り込んだ経済システムは、社会システムとしてどのように成立するのか。

英国生まれの米国の経済学者で、早くからエコロジー論などを展開してきたケネス・ボールディング（一九一〇〜九三）は、『トータル・システムとしての世界』（邦訳『トータル・システム』）で、「社会システムとは、生物有機体をその内に含む生物システムから進化したものである。ここでいう生物有機体とは、コミュニケーションの能力、意識、人工物を創りだす能力をもつ」ととらえた。ボールディングは、生物圏との比較から人間の社会圏を分析した。だが、「実際の社会圏の中では、多様な下位システムがじつに複雑に関連しあっているために、社会圏を完全に理解することはできない」とも指摘する。彼は、インターネットのような技術の発達が、「世界的なスーパー・カルチャー」ー現在では世界の多くの人びとが多くの情報、画像、音楽などに容易に瞬時に接することによる共有文化といってよいーを成立させることを予想した。同時に、

「そうしたスーパー・カルチャーの下でも、言語、国民性、地域性、職業、宗教の相違に基づく多様な地域文化や地域社会そして階級分化が存在する」ことで、地域が他地域とは異なることを主張する。

世界を覆うグローバリズム＝経済システムの下で、わたしたちの文化や社会のシステムは、どのように変化していくのか。世界を覆うインターネットで、世界中の消費者から集められたデータがビッグデータとして集計、計算、分析され、わたしたちの購買欲をさらにかきたてるような商品のラインアップデータが送り返されてくる時代に、わたしたちは生きている。ボールディングの予想は、はたして正しかったのだろうか。ボールディング自身は、つぎのように見通した。

「社会システム内での変化の予想については、我々は慎重でなくてはならない。なぜなら、社会システムの内部では、社会システム内では変化率は変化するのであり、しかもその変化はしばしば突発的に劇的に訪れるからである。……社会圏と生物圏との大きな違いの一つは、社会システムでは、未来を決定するに際して決定（意思決定）ということが非常に重要だということである。……過去と現在の結びつきの中で非常に重要なことは、我々が昨日したことを今日もするという習慣である。この習慣というものが社会システムのみならず生物システムにおいても大きな安定装置となる。……社会システムにおける変化の最大の源泉は明らかに人間の学習過程である。……こうした学習過程は非常に複雑である。」（高村忠成・山崎純一・花見常幸他共訳）

たしかに、社会システムとしての「人間の学習過程」は、社会学での「知覚」→「学習」→「行動」というサイクルのなかで、いまも重要な位置を占める。それでは、ボールディングは学習過程をどのようにとらえたのか。彼の社会システム論は相互に重なり、浸透しあうつぎのような三つの下位システムを想定したものである。

（一）脅迫システム―国家を含む一つの政治システムでもある。

（二）交換システム―経済システムと言い換えてもよい。

（三）統合システム―「正当性、地位、アイデンティティ感覚、道徳観、コミュニティへの帰属感、愛情……」に関わるある種のゆるやかなシステムである。

ボールディングは、「脅迫」、「交換」、「統合」の三要素の比率によって、社会システムのあり方が決定されるとみた。重要視されたのは「交換＝経済システム」であり、その病理は失業とインフレーションである。そして、問題が「経済システム」だけ、あるいは「社会システム」だけで解決されないところに、「政治システム」の重要性があると、ボールディングはみた。彼は、政治システム＝正当化された脅迫に基づく社会組織について、権威とリーダーシップをもつものとみなした。そこには中央システムとしての国家、社会システムとしての地域、社会の緩やかな構成原理としての文化システムが含まれ、それぞれに働く。ボールディングの問題解決システムの具体像は必ずしも明確ではなかった。それは、わたしたち自身が自分たちの社会的文脈の中で探る課題として残された。

いずれにせよ、社会の病理は経済や政治といったメインシステムだけで解決できない。文化がそれらを統合する総合システムとして機能するには、人びとの間に共通のグローバルな感覚の醸成が必要であろう。ボールディングの視点は、いまでも輝きをもつ。彼自身は、地球環境の悪化という負の遺産によって、地球全体を考える正の遺産が共通の新たな地域文化として醸成されることへ暗黙の期待を寄せていた。

地域文化と美術館論

1

地域文化イメージは地域の自然環境、地域のイメージを象徴させる産業、建造物、町並みに加え、地域を代表する芸術家の作品、それを多数保有する美術館などの存在、そこを訪れる人たちの多寡によって形成される。地域文化が、即、何でもかんでも自然環境の反映ではない。人工的なイメージ形成もある。

たとえば、パリといえば、セーヌ川だけでなく、ルーブル美術館のイメージはその代表的な成功例である。最近では芸術や美術に代わって、「アート」という言葉が日常的に登場し、それまでの芸術や美術のイメージは多様化した(**)。必然、多様なイメージを包括する言葉として、アートがよく使われるようになった(*)。とはいえ、日本の美術館が、アートという言葉を全面に押し出して、ミュージアム・オブ・アートとかアート・ギャラリーという名称へと取って代わられたわけでもない。

＊アートとは何なのか、という答えもまた多様である。アートを一品生産あるいは少量生産された商品にすぎないと割り切る見方もあれば、ギャラリストの小山登美夫のように、資本主義＝商業主義の社会でのきわめて逆説的な聖域とする見方もある。小山は、『現代アートビジネス』で、「今日のように資本主義があらゆるシステムに浸透しきってしまった時代には、アートは商業主義的なものと一線を画する、聖域として守られてきた唯一の分野のような気がします。アメリカないしヨーロッパの美術館が未だに守っていることでもありますし、アートのシステムではそれが一番大事なことでしょう。矛盾しているようですが、商業主義と距離を置くことで、逆にものすごく高い価値を生むのもアートなのです。商業主義を拒否することによって、商業的価値が上がってしまうことがあり得るのです」と述べる。

なお、小山は、「日本の現代アートをまとまった形で見られる美術館はありませんし、積極的にコレクションを進めている美術館すらありません。……日本の美術館は、すでに評価が定まっている作品しか購入しないようです。今や日本の著名アーティストであるにもかかわらず、奈良美智、村上隆の重要な作品の多くが海外にあって、国内の美術館には収蔵されていていない」と、日本の美術館のコレクションの特徴を指摘する。

＊＊日本の美術館史を振り返っておく。地方自治体の設立・運営によるいわゆる公立美術館は、現在の東京都美術館の前身の東京府美術館が最初になる。開館は、大正一五［一九二六］年であった。戦後になると、昭和二六［一九五一］年に神奈川県立美術館が開館した。戦後の公立美術館ということでは、高松市の栗林公園内に高松市美術館が昭和二四［一九四九］年に開館し、その後、瀬戸大橋の開通の年である昭和六三［一九八八］年に市内中心街の現在地へ新築移転し、平成二七［二〇一五］年にリニューアルオープンした。

公立美術館の数からすれば、一九七〇年代後半から一九八〇年代に県政や市制記念事業の一環として建設・開館したものが多い。このブームは、一九九〇年代にはいっても続いた。他方、私立美術館は、個人、特に実業家のコレクションの公開というかたちで、古くは大倉喜八郎（一八三七～一九二八）の大倉集古館（一九一七年）、三菱財閥の静嘉堂文庫美術館（一九四〇年）、根津美術館（一九四一年）、大原美術館（一九三〇年）などがある。戦後はブリジストン美術館（一九五二年）、五島美術館（一九六〇年）、山種美術館（一九六六年）、出光美術館（同）などが開館した。企業関係の美術館には、その時期の日本の興隆産業の動向も反映されていた。

多くの日本人にとって、アートとはなんでもありの現代アートではなく、いまでも、西洋絵画や日本画を中心とした見えるかたちでの美術というイメージが強い。それが日本の美術史＝美術館史でもあるからだ。その一方で、現実の世界や社会の動きを敏感にとらえ、反応してきた「現代」に生きる「アーティスト」の作品には鋭敏性があり、鑑賞者に緊張を強いる。そこに、現代アート(＊)の意義と重要性があるともいえるのだが。

＊現代アートの「現代」は、つねに更新され現在＝現代にいたっている。現代美術評論家の松井みどりは、『アート―〝芸術〟が終わった後のアート―』で、自らの世代を芸術としての「アートが終わった」後に生まれた世代としてとらえ、米国な

どの現代アートの変遷にふれつつ、現代アートについて、「マルクス主義のようなイデオロギーを世代間の共通言語としてもたずに育った世代が、この世界に存在し、考え、行動していくことの理由を解き明かしていくために、なくてはならないように思えた」と指摘する。

松井は、現代アートの鑑賞側の変化にも言及して、今後の美術館のあり方について、つぎのように示唆する。「私が期待しているのは、美術館の機能の再編です。……現在のモダンアートや現代美術の美術館は、狭い意味での『モダニズム』の価値観による作品の権威づけという従来の役割から、現代の世界に反応する作品の収集と、それと過去の作品を関係づけることで、観客に、二〇世紀後半の美術を、より身近に感じてもらおうとする工夫……現代美術を特権化するのではなく、観客と同じ世界に位置しながら、その感性を鋭敏にさせる媒体として捉える姿勢は、金沢現代美術館の構想にも現れています（この二年後に金沢二一世紀美術館は開館することになる―引用者注）。」

日本でも、現代アートの美術館が増えてきた。しかしながら、現代美術館も含め美術館という存在が、地域文化を中心に地域社会の発展にとって、どのような意義と役割を持つのか。また、美術館は他のミュージアムとどのような機能分担をもつのか。とりわけ、地域の公立美術館の役割や機能はどうあるべきか。これらの点は、実際のところ、明確ではない。

私立美術館と公立美術館の双方に勤務した平塚市立美術館の草薙奈津子は、『美術館へ行こう』で、自らの経験を踏まえつつ、「公立美術館の場合、建設がきまってから、あわてて作品を集めだすところが多いからです。作品収集は一朝一夕にできるものではありません」と指摘する。この指摘の背景には、多くの地方自治体で著名な建築家のデザインによる美術館の建設に、多額の予算がつぎ込まれても、作品の収集には必ずしも十分な予算が充てられず、その予算も地方財政の悪化とともに、先細りとなってきた現状がある。

公立美術館が地元作家からの寄贈品や寄託品ばかりの展示スペースであってよいはずはない。草薙も、

「地元作家の作品は、高名な人をのぞけば、地元の美術館でしか収集していない場合がほとんどです。地域に根差した美術館であるためには、地元作家を大切にするのは当然のことですが、美術館で収集するに値するかどうかは慎重に判断する必要」があると説く。かといって、自分たちの地域にこだわらず、著名な作品を収集・展示すればよいというものでもない。草薙自身は、美術館が立地する地域の展覧会に値する作家を発掘することを強調するものの、同時に「公立美術館は、作家のためにあるのではなく、地域住民のためにある」として、その使命をつぎのように指摘する。

「わざわざ東京や京都などの大都市まで行かなくても、大都市でしているようなレベルの高い展覧会を平塚でも開催して、地元で見ることができる、それが大事なのです。そうして市民のみなさん、あるいは近隣のみなさんに喜んでいただく、というのが地方の公立美術館の使命ではないかとおもっております。」

しかし、学芸員たちが企画したレベルの高い展覧会に、多くの住民たちが来館するとは限らない。そこには動員数と予算の壁もある。近隣都市から吸引することに偏した企画展や、マスコミ受けする全国巡回展覧会の誘致ばかりでは、やがて地元市民との共生関係に影を落とす。草薙自身は、そのような状況を避けるには、地元市民を対象にして、地道に開催する美術ワークショップの重要性を強調する。ワークショップは未だに馴染みのない言葉であるが、開催者と参加者の共同(協働)作業場の意味がある。

公立の美術館や博物館には、博物館法で学校以外の教育活動の場として、その社会的役割が規定されてきた。そうである以上、こうした施設は地域に開かれた場として位置づけられる。この意味では、たとえば、平塚市立美術館のような、美術に関するさまざまなワークショップやセミナーの開催は、成人だけではなく、将来の来館者である初等教育や中等教育の生徒たちの感性を磨く場として、役割が大きいのではないだろうか。

2

地域の美術館は地域社会との共生なくしては、ソーシャル・デザインは描けない。ソーシャル・デザインは、地域の人びとのニーズの掘り起こしにつながるソーシャル・マーケティングを意識せざるをえない。そうしたソーシャル・マーケティングの役割を強調する玉村雅敏たちは、『地域を変えるミュージアム―未来を育む場のデザイン―』で、つぎの五つの範疇を設けて、全国三〇のミュージアムを分類している。(*)わたしが実際に訪れた美術館を中心に、その概要をみておく。

（一）「社会的イノベーションの触媒となるミュージアム」―「障がい者雇用とアートの力で、まちの再生と共生を促す」藁工ミュージアム（高知県）、「障がい者と健常者、福祉とアート、ボーダーを超える挑戦が社会を変える」ボーダーレス・アートミュージアムNO-MA（滋賀県）、「まち全体のアート活動の拠点を担い、まちを美しく甦らせる」十和田現代美術館（青森県）。

（二）「コミュニティの魅力を見える化するミュージアム」―「日常品を『アート』の視点でとらえ直し、地域の産業を盛り上げる」タオル美術館ICHIRO（愛媛県）、「ビジネス街の美術館は、都市に新たな風を吹き込む」三菱一号館美術館（東京都）。

（三）「価値を協創する拠点となるミュージアム」―「若者が挑戦できる美術館が、次世代を育て、場を育てる」金沢二一世紀美術館（石川県）、「『マンガ』文化の発信拠点として、地域とともに新産業を創出する」京都国際マンガミュージアム（京都府）、「家でも仕事場でもない大人の学校が、豊かな活動の輪を広げていく」世田谷美術館（東京都）。

（四）「ワクワクが変化を生み出すミュージアム」――「地下通路が『通行するだけ』から『創造力を育む日常』を生み出す」札幌大通地下ギャラリー五〇〇M美術館（北海道）、「『おもちゃ』を通じた場づくりで、老若男女がコミュニケーションを深める」東京おもちゃ美術館（東京都）。

＊この他に、「人々の協働プロジェクトを促すミュージアム」という範疇も設けられたが、美術館は該当していない。玉村前掲書。

（一）の社会的イノベーション触媒型に共通するのは、歴史ある地域の、美術館による地域イメージ再生への果敢な挑戦である。

まず、藁工ミュージアムだが、高知県では藁製品の衰退とともに、かつて藁製品の備蓄倉庫であった町並みが、大きな変貌を遂げた。藁製品の備蓄倉庫＝藁工倉庫をアール・ブリュット作品（＊）や、高知県ゆかりの作家の作品を中心に扱う美術館として再生し、地域イメージを新たに作りだす試みが続けられている。大型商業施設と市内中心の商店街との関係はしばしば、地域を「どこにでもある町」へと変貌させてきた。しかし、地域社会の再生には、「どこにでもある町にしない」活動が必要であり、藁工ミュージアムの企画・運営には、福祉関係のNPO法人が大きな役割を果たす。

前掲書は、関係者の声をつぎのように紹介している。

「団塊の世代が汗水をたらしてつくりあげた『つくられたもの』を享受することに慣れた世代であり、

その原風景はモノに満ちあふれた時代にある。つくることに対する意欲はかつての団塊の世代に比べあまりにも小さく、つくられたものをいかに使いこなすか、いかに楽しむかに勢力を注ぐ側面が強く、開発よりは無関心の傾向が強い」。

＊フランス語で「生の芸術」を意味する。従来の伝統的な芸術教育とは無縁の自由で、自発的な芸術表現のことであり、子どもや精神障害者などの絵画などである。第二次大戦後、フランス人画家でアンフォルメの先駆者の一人でもあるジャン・デュビュッフェ（一九〇一〜八五）が、そのような作品を積極的に評価したことから定着した。一九四〇年代半ばからパリの画廊で作品が展示され、西欧的な論理とは異なる無意識的な生の芸術として評価されるようになった。

アール・ブリュットは、ときにはアウトサイダー・アートとも呼ばれる。主流＝メインストリームという概念や通念それ自体が変化するなかでは、アウトサイダーとなる対象もまた変化する。アートそのものがその時代精神のアウトサイダー的要素が強いものである以上、アウトサイダーのアウトサイダーなるものは何であるのか。いずれにせよ、それは相対的なとらえ方である。

新旧世代論からすれば、高度成長のフローの時代から現在のストックの時代へ、ということになる。しかし、これは、経済優先の時代から文化と経済のバランスの時代への転換でもある。経済優先の時代は、ある種の「排除」の時代でもあった。現在は「包摂」の時代である。障害者と健常者がともに生きる社会環境は、そうした時代の地域の文化の問題でもある。

その他、滋賀県近江八幡市の地域＝重要伝統建造物群保存地区の生活文化の象徴である町屋を利用したNO-MAは、糸賀一雄（一九一四〜六八）たちが障害者福祉に取り組んできたことを象徴する美術館である。また、十和田現代美術館は、地元作家ではなく世界的な作家の作品を集めた美術館であり、多くの地方都市が商店街などのいわゆるシャッター通り化によって、活気が失われていくなかで、商店街などまちなかを、展示会場とする試みが続けられるケースである。

（二）のコミュニティ魅力発信型に分類されたタオル美術館は、中国などとの競合によって苦しい対応が続いてきたタオル産地の再活性化を強く意識した地元個別企業の取り組みである。タオルという消費財を文化として、またアート色の強い商品として、訪れる人たちにそのイメージを意識させる場、あるいは、タオル産地としての今治の情報を発信させる場であり、タオルの製造工程も同時に見学できる。この意味では、個人の作品を展示する従来の美術館とは、まったく異なる考え方の美術館である。

他方、三菱一号館美術館は、お雇い外人であった英国人の建築家ジョナサン・コンドル(*)（一八五二〜一九二〇）が設計した、丸の内で最初のオフィスビルを復元した建物である。この建物をオフィスビルとしてではなく、文化・芸術の発信の場として再生させた。「会社帰りに美術館で息抜き」するである。この地区をすこし拡大させて美術館をマッピングさせると、東京駅の東京ステーションギャラリー、ブリジストン美術館、出光美術館、三井記念美術館などとともに東京都心の文化スペースを形成する。

＊明治一〇［一八七七］年に工部大学校の教師として来日し、その後、東京の帝室博物館、鹿鳴館、ニコライ堂などの設計を手掛けた。

（三）の価値協創型に分類された金沢二一世紀美術館は、日本の伝統工芸の中心地である金沢の「伝統」に対して、「現代」を強調することで、伝統に新しい息吹を与える場である。将来、伝統文化の担い手となる子ども世代に対して、アート体験を提供して伝統と現代、さらには未来をつなげる二一世紀型の美術のあり方を探る場を提供して、金沢の地域文化に刺激を与え続けている。

京都国際マンガミュージアムは、伝統都市京都のモダンな装飾の旧龍池小学校を利用して設けられた。一般に、原画は別として、マンガは廉価で部数も多いため、すぐに散逸しやすい。ましてや、芸術作品のように多くの研究者や批評家が取り組んできた分野でもなかった。しかしながら、マンガ学部・マンガ研究科をもつ京都精華大学が京都市と共同運営することで、マンガの収集・調査研究・評価などを通じて、京都という世界的古都ブランドの下で、日本のポップカルチャーのマンガ文化発信の場となっている。

ところで、東京は、経済の中心地のイメージに比べ、文化の中心地のイメージは、世界都市のなかでも強いとはいえない。そのようななかで、文化人(＊)が多く住む世田谷区の緑豊かな砧公園にあるのが、区立世田谷美術館である。意外なテーマを取り上げた企画展や、参加型・教育型のアートイベントに熱心な美術館である。

美術館のワークショップへ参加する区民が増えることは、美術館外でも美術活動などが展開していく可能性を高める。この意味では、世田谷美術館は単に価値協創型ではなく、既述のコミュニティ魅力発信型でもある。

＊文化人という言葉が、いつから日本社会で定着し始めたのは定かではない。狭義では学者・研究者や芸術家などであり、広義には教養豊かな一般市民を指す。

（四）のワクワク感型に分類された札幌大通地下ギャラリーは、札幌市民が通勤や通学で通る公共の日常空間の地下通路がユニークなアート・ギャラリーとなったものである。市民にオープンの美術館は、他に例を見ないかもしれない。

他方、アートとしておもちゃをみる意外性＝ワクワク感を具体化させたのが、東京おもちゃ美術館である。京都国際マンガミュージアムと同様、第二次大戦以前に建設された小学校が、利用されている。遊ぶ力を高めるおもちゃの展示を通し、アートの本質を見据え、遊べる＝体験できる場としての美術館である。すぐれたアートは従来の見方を覆す。

3

美術館と一口にいっても、このようにかたちはさまざまだ。

美術館という限定された展示空間を飛び出し、まちじゅうを展示会場とするビエンナーレや、トリエンナーレによるオープンミュージアム＝まちおこしが、各地で盛んに行われるようになった。これは美術館の概念を多様化させた。こうしたアートプロジェクトと呼ばれる試みは、まちなかに設置された単発の公共彫刻（パブリックアート）という「点」ではなく、まちなかのさまざまな屋内空間に展示されたアート作品を「線」でむすぶやり方である。

アートプロジェクト企画を手掛けてきたアートプロデューサーの橋本誠は、「アートプロジェクトは本当にコミュニティのためになっているのでしょうか？」で、平成二二［二〇一〇］年に愛知県で開催された「あいちトリエンナーレ二〇一〇」を例にとり、まちの再活性化に無関心であった社会層を集め、その結束を強めた点を評価しつつ、問題点も残されたことを、つぎのように指摘する（フィルムアート社編『現代アートの本当の見方―「見ること」が武器になる―』所収）。

「長者町というコミュニティに新たな社会関係資本を生み出したアートプロジェクトの例だと言えるでしょう。しかし、アーティストはコミュニティのためにアートプロジェクトを行ったというよりは、この地域の特性に自らの表現を重ねることで『コト』を起こすアートとしての表現の強度を高めることをより意識していたようです。アーティストのまなざしがそのコミュニティの課題の発見につながる、プロジェクトがきっかけとなってそれがひとまず解決されるということはあるのかもしれませんが、いつかはそのコミュニティを去るのがアーティストです。プロジェクトがコミュニティのためになったというのは結果論であり一時的な状況にすぎず、しかもその成果が持続可能なものとして根づくのかどうかは分かりません。逆説的に言えば、本質的にためになるのかどうかはそのコミュニティ次第だともいえます。」

「ひとまず解決」とは、他地域からの一時的な訪問客や観光客を増加させる経済効果である。そのような人たちがその地域に定住するようにならなければ、地域の少子高齢化問題などの抜本的解決につながるわけではなく、一回程度のイベント開催で、若者が続々とやって来て定着するほど、現実は甘くはない。アートだけの生活は困難であり、彼らを支える産業やビジネスが必要だ。ただし、こうした試みの中には、貴重かつ少数の成功例もある。成功事例は多数の模倣者を生み出すが、期待された効果が得られなかった失敗例の方が多い。現在、地域おこしの掛け声の下、アートプロジェクトに負けないぐらい各地で開催されるマラソン大会を、思い浮かべればわかりやすい。

アートプロジェクトを「公共」芸術祭という行政関与のまちおこしに等値させると、「瀬戸内国際芸術祭」（香川県）が、その大きな集客経済効果によって着目された。人口過疎化や主要産業の衰退に苦しむ地方自治体にとっては、新たな地域文化経済政策としての興味を呼んだ。交通の便が良くない離島へ、多く人が足を運び、日本だけではなく、海外からも訪れた。その実績は、目に見えるわかりやすい政策効果でもあった。

だが、橋本の指摘のように、芸術祭の開催が、地域の抱える問題の恒常的な解決策に繫がっていくのかどうか。時間経過とともに注視しておくべきだ。美術評論家の福住廉は、「あいちトリエンナーレ」や「大地の芸術祭―越後妻有アートトリエンナーレ」に言及しつつ、「アートと公共芸術祭」で、芸術祭の課題をつぎのように指摘する（フィルムアート社編『現代アートの本当の学び方』所収）。

「華やかな芸術祭が開幕する以前から、そして閉幕した後も、悩ましい日常（過疎、高齢化、産業の衰退など―引用者注）は依然として継続しているのである。したがって、芸術祭がそれらの根本的な解決策にはなりえないにしても、少なくとも経済効果や地域社会の再生を含む『まちおこし』の側面を期待されていることは間違いありません。

まちおこしとしての芸術祭。これは全国で催されている芸術祭に共通する大きな特徴です。……今日の芸術祭にとって観光産業との連動は必要不可欠な条件である……空洞化した都市や過疎化した地域に、たとえ一時的であるにせよ、多くの人びとを来場者として呼び込むには、観光産業の知見と手法が有効だからです。じっさい、『瀬戸内国際芸術祭』や『大地の芸術祭』の成功も、アート・ツーリズムによる組織的かつ効率的な動員なくしてはありえなかった。」

福住は、アート・ツーリズムに支えられた芸術祭の経済効果などを認めつつも、そこには、「無視し得ない問題」があるとして、つぎのように課題を整理する。

（一）「アートをなし崩し的に通俗化させかねないこと」―「何よりも観光客が満足できる作品。それゆえに大衆的な理解と共感を集めやすい美しい作品やおもしろい作品が歓迎される反面、難解で取り付く島もないような作品は敬遠されがちです。こうした選別が、アートの新たな可能性を予め狭めてしまう恐れがあります。」

（二）「芸術祭に参加するアーティストが偏ってしまう」こと—「どこの芸術祭でも同じアーティストの作品を見ることが少なくありません。各地の風土や歴史が異なるにもかかわらず、それらの中で展示される作品が同じではおもしろさが半減してしまいます。」

要するに、アート・ツーリズムの消費対象は、アートそのものではなく、大衆化した商品としてのアートである。この場合、アートの鑑賞者は、アートの消費者＝観光客である。この点について、福住は「芸術祭の運営側にしてみれば、鑑賞者とはすなわち消費者にすぎないのかもしれません。けれども、鑑賞者とは、本来、作品の感想や批評を言語で表現する生産者でもあります。肯定的であれ否定的であれ、そのような批評活動を繰り広げることによって、あるいは作品と作品のあいだに垣間見える社会的現実を記述ないし発話することによって、芸術祭をめぐる言説空間を豊かに拡充していくこと。それこそ芸術祭の公共性として大いに評価するべき」と主張する。

たしかに、アート作品と芸術祭の企画・運営側との間に、ある種の相互的緊張感なくしては、芸術祭は単なるアート作品をめぐる観光ツアーや観光イベントに堕してしまう。改めてアートとは何であるのか。アートを中心にした公共の営みとしてまちおこしが、地域文化政策として実施される意味とは何であるのか。それが一時的な試みをこえて、長期にわたって実施される積極的な意味はあるのか。また、そこに地域の美術館が、どのような役割を果たし得るのか。さらに、こうした問いかけの先には、アートプロジェクトや芸術祭の開催などによって、地域文化がどのように振興され、地域社会の再生に、どのようにしてつながるのか、という課題が浮上する。

4

先に地域文化の形成に果す美術館の役割を論じたが、地方自治体にとり、この種の議論の方向性は必ずしも自明ではない。地域文化振興について、美術館を中核に政策的―戦略的―にとらえ、経済政策と文化政策の相互性を積極的に見据え、美術館の新たな建設や既存美術館などの増設に取り組んだところは少ない。現実の政策の流れはこれとは逆の方向性をもった。

美術館を建設してから、その後に地域文化の振興を通じて、地域経済の活性化をどのようにはかるのかに腐心するのである。美術評論家の暮沢剛巳は、『美術館の政治学』で、「二十一世紀に突入して、日本列島は時ならぬミュージアムの建設・開館ラッシュを迎えている。二〇〇〇年以降、ミュージアムの開館数は年平均にして約二十館」に及んでいるとする。知事選や市長選に絡んで、計画中―立て替えも含め―の美術館建設が、選挙の争点になった自治体もあるが、その後も建設が続いている(*)。

*この点の詳細に関しては、つぎの拙著を参照。寺岡寛『地域文化経済論―ミュージアム化される地域―』同文舘(二〇一四年)。

こうした傾向のなかで、既存の公立美術館の多くが財源難に苦しむ。最初から財政的な苦戦は予想された。にもかかわらず、他県なみ他都市なみの横並び意識の下でつづいた建設は、かつて工業団地などの建設がつづいた構図とも類似する。横並び意識の画一的思考は、地方官僚制度の文化といえなくもない。補助金獲得のため、とりあえず応募する。獲得しないと、バスに乗り遅れるという意識が強いのである。

国立美術館については、独法化によって独立採算的な経営思考が強調され、地方の公立美術館もまた、指定管理者制度による経費削減に加え、多くの人たちを惹きつけることのできる企画展の開催―結果として、どこも同じような企画傾向にある―によって、入館料収入の増加が目指されている。このように、入館者数の動向が、いまでは美術館の運営の一つの重要な指標になってきた。そうであれば、当初から他のミュージアムとの地理的近接性、交通アクセス、地域特性に関連した作品収集方針、自治体の文化政策との連関性などが検討され、美術館の建設の是非や時期が論じられ、決定されるのが筋である。

しかしながら、前述のように、まず美術館を建てるという逆の方向がとられた。とはいえ、当初、そうした政策が失敗であったものの、政策環境が変化することで―当初はもちろん予想していなかったとしても―、政策の有効性や成功が怪我の巧妙という結果になるケースもある。たとえば、美術館の運営が苦しいことが、多くの地域の人たちに知られるようになったことで、あらためて自分たちの税金で、地域の美術館が維持されていることを市民が意識し、地域社会における美術館の役割により積極的な関与を持ち始めるケースもある。

この点について、暮沢は、川崎市市民ミュージアム―昭和六三［一九八八］年一一月開館、総工費は約一五〇億円とされる―を例をとって、「現場の学芸員」と管理にあたる「所轄の市職員」との見解は、「立場が違えば主張も食い違っていて当然ではあるのだが（言うまでもなく、学芸員も費用対効果の重要性は認識しているだろうし、逆に教育委員会も文化施設の安易な切り捨てには強い抵抗も感じているだろう）、どうしたって温度差が否めないこの両者の接点となりうるのが、『観客動員』に加え『地域密着』というキーワードだろう」と指摘する。

川崎市では、現場の学芸員、市役所側、市民のトライアングル関係において、当初の建設計画にあたった市長の「日本のポンピドゥーセンター構想(＊)」に則り、川崎市で施設を建設することが、市政にとって必要なのかが問われた。暮沢のつぎの指摘もまた当然である。

「考えてみれば川崎市がそのような施設を立てなければならなかった必然性は見当たらず、いまとなっては隣接する東京都や横浜市への対抗意識しか感じ取ることができない。いかにしてその地域ならではの特色を生かしたコンテンツを形成し、また地域住民のリピーターを獲得していくのか―今後の市民ミュージアムの再建には、この『地域密着』という観点からの取り組みが不可欠であろう。」

＊パリにある一九九七年に開館したジョルジュ・ポンピドゥー国立芸術文化センターを指す。ポンピドゥーは当時のフランス大統領の名である。建物のモダン―パイプラインなどがむき出しなど―な工事現場のような外観も当初話題となった。

この種の議論は、一九九〇年になっても続いた建設ブームのあとに残された多くの地方公立美術館に共通する問題と課題である(＊)。また、同じようなケースとして、老朽化によって建て替え問題が浮上し、財政難から凍結されていた新ミュージアム構想が再度持ち上がり、その是非をめぐる政治対立がみられるようになったいわゆる過疎地の自治体もある。

＊詳細は寺岡前掲書を参照。

地域文化と社会再生

1

新潟県出身で、妻有での大地の芸術祭や瀬戸内国際芸術祭など各地のアートプロジェクトに関わってきた北川フラムは、『ひらく美術—地域と人間のつながりを取り戻す—』で、地方財政悪化の下、芸術祭などアートによる地方社会の再生という手法の手軽さ＝危うさに言及しつつも、アートのもつ力について、つぎのように指摘する。

「アートは私たちの日常を撃ちます。ここから芸術祭そのものというよりは芸術祭実現にいたるまでの日常の活動を重視するという方法がでてきます。さらに芸術教育ではなく、美術的なるものによる考えがでてきます。美術を美術館やギャラリーにあるもの、ショーケースの中や台座のうえにあるものとしてではなく、日常の生活のなかにある態度だと思うようになっていきました。」

これは、日本の人びとの暮らしや生活用品のなかに美を見いだし、民芸運動の主唱者であった柳宗悦（一八八九〜一九六一）の見方に通じる。北川は、地域の人びとの生活態度のなかに、美術の動きを発見することなしには、アートによるまちづくりや地域再生の運動は、持続的になりえないことを説く。

妻有の厳しい自然環境—とりわけ、冬場—との悪戦苦闘のなかで、「種を捲き、苗を植え、ありあわせの材料を見つけて住む場所を作り……そこにあるものを使った食べ物を食べ、そこにあるものを使って生きて行く」生き方の文化に、思いをはせることができなければ、さまざまなアート作品は、その地域との一体性や同調性をもちえない。地域の中核であった産業の空洞化で、それに代わりうる産業への展望がないままに、国が唱える農商工連携や観光業振興というスローガン的政策に安易にシフトするメンタリティーこそが、問題視されるべきなのである。北川はいう。

「思えば、八〇年前に、今と同じような国立公園法制定による観光立国という政策がありました。故郷、農業、文化、スポーツ、観光といった言葉を権力が口にするとき、その言葉がもっている深い内容とは別に、国策に展望を持てない時の常套語になっていることを想起しておきたいものです。」

それぞれ地域の抱える問題の表層は同じでも、原因はそれほどに一様ではない。地域にとって、一律的な政策目標は、むしろ、地域の課題解決を複雑にさせ、必ずといってよいほどローカルな問題と課題が、早晩新たに生まれることになる。北川も、「その時こそ、本来の地政学的な、地形的・気象的な特質と、地域単位で考えられてきた文化を活かさなければいけないのに、それらは米国流グローバリズムの掛け声のなかで切り捨てられてきました」と指摘する。観光を強く意識しすぎたアートによるまちおこしや地域づくりは、健康づくりの名目の下で、いまでは全国各地で行われているマラソン大会と同様に、一過性のイベントになる。北川はその点についてつぎのようにいう。

「現在、大小をかまわず言えば、美術が中心になっている地域づくりは二〇〇〇もあると言われています。……いろいろ言われていますが、悪いことではない。まず私はそれらを全部支持します。公金の使い方にしても、他にかけるお金よりはずっとマシです。美術は出発時点では個人的なものだし、少なくとも直接的な役に立たないし、そのぶん害もないのです。……ここで問題なのは、そんな美術をふるさと再生の目玉にしたり、外国からの観光の切り札にしようと政府が動き出している事です。……しかし、私たちがやってきたことは瞬間的に目立ち、消費されるイベントでは決してない。じっくりと地域の人たちと、そこに漂う祖霊の願望に伴走する地域づくりでありたい。……その場かぎりのイベントの流行にしてはダメなのです。テーマパーク、食の祭典、リゾート法、万博・オリンピック、地方分権と叫ばれていたような目くらましの流行にしてはいけないのです。」

美術というものを、日常生活のなかにある「一人ひとりが異なった人間の、異なった表現」ととらえてきた北川にとっては、アートプロジェクトや芸術祭は、「人々に受けのよいアーティスト」の起用、それとは逆に地元のアーティストだけの活用、さらにはただ単に大衆受けする作品の展示ではない。それは、地域社会の一人ひとりの生き方、地域とのつながりの再考を促し、地域とは何かを探る機会でなければならない。そして、それをできる限り、多くの関係者とともに創りだすことに繋がったときに、アートプロジェクトや芸術祭は、その過程において将来への大きなポテンシャルを生み出す。

2

地域文化の振興＝再生によって地域社会の振興＝再生などは、可能なのだろうか。この場合、「振興」を「再生」にそのまま置き換えることができるのか。「地域振興」と「地域再生」の間にある方向性を、明らかにしておく必要がある。

(一) 振興→再生という方向性―それまでとは異なったやり方や手法によって、あるいは新たな文化を持ち込むことによって、地域文化へ刺激を与え、地域社会の活性化をめざすこと。

(二) 再生→振興という方向性―それまでの地域文化を再生することで、新たな地域文化が誕生し、地域社会の活性化をめざすこと。

（一）には、前章で紹介した京都国際マンガミュージアムの「マンガクラスター」の事例がある。別段、京都はマンガのメッカではないにしても、(*) 平成一八〔二〇〇六〕年に、京都国際マンガミュージアムは、地域の就学児童数の減少から閉校を余儀なくされた小学校を再利用して生まれた。マンガミュージアムの開館がきっかけとなって、マンガを専攻できる京都精華大学や京都造形芸術大学との連携が模索され、産官学による取り組みが行われてきた。この取り組みについて、産官学の「官」＝京都市産業環境局の草木大（当時）は、つぎのように語っている（月刊『京都』第七五一号、二〇一四年二月号）。

「京都は漫画との関連性が濃厚な土地なのである。しかし、せっかくいい人材を育てても、京都には彼らが働けるような受け皿がなく、出版社やアニメ制作会社が集積する東京に人材が流出していました。……そうした中で、行政も一体となってマンガ文化をバックアップしようという機運が高まってきました。

京都はかねてから、東映京都撮影所などに代表される映画や、任天堂などのゲーム産業が根付いています。さまざまなコンテンツ産業を連携させることで、クリエイティブな京都をつくっていこうというコンテンツ産業振興策も追い風となり、京都市では二〇一一年度から本格的に『マンガクラスター』戦略に取り組みは始めました。」

*もっとも、京都の栂尾山高寺に伝わる国宝「鳥獣人物戯画絵巻」四巻を、日本での漫画のルーツとする見方もある。一二世紀の作とされ、猿、うさぎ、蛙などの遊びなどを、ユーモラスに描いている。

草木によれば、マンガクラスター戦略とは、「市場創出」と「人材育成」の二つの政策目標から構成される。前者は二〇一二年から開催の「京都国際マンガ・アニメフェア」である。これは、出版社やアニメ制作会社と、作家たちのマンガやアニメ作品の出会いの場の提供でもある。作品に関連する京都の工芸品や和菓子など－コラボ企画商品－も同時に展示され、京都＝マンガ・アニメ文化のイメージを打ち出すことが意識された。

後者の人材育成面では、マンガ版インキューベータ＝京都版トキワ荘事業がある。これは、空き家となった京都の町屋を再利用して、マンガ家志望の若者たちを入居させて、互いに刺激し合いつつ、漫画家に育て上げる、孵化作用への期待である。トキワ荘とは、日本を代表するマンガ家の手塚治虫（一九二八～八九）などが共同生活を送っていた東京のトキワ荘を意識したネーミングである。

こうした京都国際マンガミュージアムを中心とした地域社会の振興は、このミュージアムが京都内外－国外を含め－から人びとを呼び寄せることで、一定の経済効果と京都の新たなイメージの再生産に寄与し、京都の古い伝統との対比を通じて、京都のそれまでの文化の再生にも影響を及ぼすに違いない。

反面、京都国際マンガ「美術館」ではなく、マンガ「ミュージアム」であることは、他の地域の美術館を通じた地域再生にどのような再考を促すのか。美術館とミュージアムの相違について、京都国際マンガミュージアムに併設された京都精華大学国際マンガ研究センター長（当時）の吉村和真は、研究員たちとの対話のなかで、つぎのようにふれている（京都精華大学広報誌『木野通信』第六五号、二〇一五年九月）。

「マンガってやっぱり読むものですから、マンガを展示するということへの疑問は開館時からありました。原画を展示して見せたとしても、それで本当にマンガのおもしろさを伝えることになるのかどうか。実際、一般的なミュージアムのフォーマットにマンガを当てはめていくだけでは、すでにある美術館に負けてしまいますから、マンガミュージアムとは一体何なのか、……（中略）……原画を必ずしも崇め奉っているわけではないので、ＭＭ（マンガミュージアム）に来る海外の研究者からは、『ここはミュージアムではない！』って反発されることもあります……そもそもマンガは大量複製印刷による娯楽ですから、これまでのミュージアムで決められてきたルールをどうやってマンガで壊していけるか。」

貴重な文化財―神社や仏閣、そこにある仏像なども含め―のほかに、すでに多くの歴史あるミュージアムや美術館が存在している京都という場だからこそ、それまでのミュージアムや美術館の範疇に収まりきらないマンガミュージアムが存在することが重要である。この面で、京都のポテンシャルは高い。

先に、マンガクラスター戦略にふれたが、元来、クラスターとは、ブドウの房から転じた言葉で、同一産業などを支える経済主体の意味である。この意味では、コンテンツ産業は、産業論的にはさまざまな房が重要であり、マンガもまた、京都でこそ、他の房―さまざまな経済主体だけではなく、文化集団や社会集団など京都ならではの「堆積」―との関係で、存在を強烈に示せるポテンシャルを持てる。この点については、京都精華大学の音楽コースで教鞭をとる佐藤昌弘と、写真史・視角文化論の佐藤守弘が、対話のなかでつぎのように論じている（京都精華大学広報誌『木野通信』第六三号、二〇一四年一一月）。

「都市におけるアートの生態系を考えた時、『生産者（作り手）』と『受容者』のほかに、美術館やギャラリーなどの『媒介者』と、大学のように作り手を育てる『再生産者』が重要なんです。そのための新たな〝場〟が、今の京都に増えています。単なるギャラリーや美術館や本屋でない複合的な施設。……『京都マンガミュージアム』もそのひとつです。複合施設が複数あることで、アート、デザイン、音楽、マンガ、伝統文化、学問や研究など異なる分野が相互に重なり、垣根を超えやすくなっている。」

しかしながら、二人とも指摘しているように、学生の街の京都でも本屋やレコード屋が減り、それまでの京都という古都のもつ文化・学術的雰囲気も変わりつつある。佐藤たちは、京都よりも地方都市の問題がはるかに深刻であるととらえる。

「京都はこれまでの文化的蓄積があるから、まだ持ちこたえている。他の地方都市はもっと悲惨です。そういう状況のなかで複合施設が出てきたんだろうと思うんです。いろんな作品や価値観を提示するオルタナティブなスペースはやっぱり街に必要だし、受け手も望んでいると思う。」

すでに文化インフラが整備されてきた京都と同じやり方が、他の地域、とりわけ、京都のような古い伝統とポテンシャルを持たず、寺社仏閣、骨董商、記念館、美術館(*)、博物館といった施設をもたない地方都市に通用するのだろうか。安直に模倣できるとは思えないが、地方都市には地域を代表する芸術家、工芸家、作家などの作品を集めた美術館、ミュージアム、記念館を活用して、観光業振興の可能性を探る試みも目立ってきている。

＊京都は、伝統的な繊維産地であって、日本の古い伝統技術に近代技術を導入してきた場である。そうした資料や工芸品を収集し広く公開する場として京都工芸繊維大学美術工芸資料館は、京都らしいミュージアムである。京都工芸繊維大学の前身は、明治三二［一八九九］年創立の農商務省管轄の京都蚕業講習所であり、明治三五［一九〇二］年に京都高等工芸学校となり、戦後、昭和二四［一九四九］年に京都繊維専門学校と京都工芸専門学校が統合し、工芸学部と繊維学部からなる京都工芸繊維大学となった。

それらの施設はあくまでも「点」や「線」であり、京都のように「面」が形成されてはいない。アートによる地域社会の活性化の鍵は産官学から構成される房とクラスターのあり方である。とりわけ、問題は官と学があっても、そこにどのように産が重なり合うかである。

たとえば、高岡市には富山県立高岡工芸高等学校や、富山大学芸術文化学部がある。また、高岡工芸高等学校には、丸井の創業者の青井忠治が寄付した美術品陳列室などをもつ記念館があった。それが市の道路拡張計画で移転を迫られた結果、現在は高等学校の隣に青井記念美術館が建設された。その他美術館としては高岡市美術館(*)がある。

＊昭和二六［一九五一］年に開催された高岡産業博覧会の会場の一角に、美術会場が設けられ、富山県出身・在住の作家による高岡産業博美術展覧会、東京で活躍中の作家の現代美術展覧会、国宝級の美術作品を展示した古美術展覧会が催され、それらが高岡市美術館の設立につながった。北陸地域では、歴史ある美術館である。現在の美術館は、平成六［一九九四］年に旧美術館の老朽化などの理由から、幅広い美術活動の企画運営を重視し、美術・工芸の伝統を活かした、市民に開かれた美術館を目指して移転新築されたものである。

新美術館開館から一〇年経過した現状と方向について、当時の広上美和子副館長は、「昨今、美術館界を取り巻く厳しい状況を伝える新聞記事を目にするとともに、さまざまな情報が耳に入って来ると、また昔とは違った意味で美術館界も大きな転機を迎えているという感を強くします。美術館への入館者数の全国的な減少傾向、そして地方自治体の財政難による予算の削減等が多くの公立美術館に共通した危機意識かと思われます。この二点については逼迫した状況にないものの、今後同じような状況に陥る可能性は考えられます。……これからは、やりたい展覧会をやるということではなく、入館者の見込める展覧会、入館者があまり見込めなくても当館としてやらなければならない展覧会というふうに、メリハリをつけた展覧会運営が求められる時代に入ったと思います。そうでなければ、価値観が非常に多様化した現代にあって、とかく金食い虫とみられがちな美術館に対して、これからの一般市民の理解は得られないのではないでしょうか」と指摘している（『高岡市美術館ニュースＰＡＴＩＯ』第一八号、二〇〇四年三月二〇日）。

人口一七万人ほどの高岡市が美術系コースをもつ大学や高等学校、美術館二館を有しているのは、改めて注目されてよい。問題は、高岡市の産業イメージと高岡市の文化イメージが、どのように具体的に重なり合うのか、である。高岡市は、第二次大戦下の空襲被害が無かったことで、交通の結節点に蔵屋敷などが現存し、昔の町並みが比較的維持されてきた地方都市の一つである。

伝統産業として寺社の梵鐘や銅製の仏具、銅器などでも古くから知られてきた。「銅」との関連性では、高岡市美術館は、郷土作家(*)の作品などを収集・展示しているだけではなく、明治期の銅製工芸品など貴重なコレクションをもつ。

*こうした高岡市出身の作家のなかでは、高岡工芸高等学校（当時は富山県立工芸学校）卒で木彫の村上炳人（一九一六～九七）、染色家の般若侑弘（一八九八～一九八〇）のほか、青銅の蠟型鋳造の二代須賀松園（一九二五～）、人間国宝となった大澤光民（一九四一～）の作品がある。

ここで再び、「再生→振興」という方向性に戻って考えれば、高岡市の伝統的なイメージ＝銅製工芸品の町という地域文化イメージの再生が、果して高岡市の経済振興に結びつくのか。寺社の釣鐘や銅製品の多くが高岡市で製作されてきたことは、実はあまり知られていない。そうしたなかで、地域文化イメージの再生に美術館が役割を果たしうるのか。

高岡市美術館は、いまからおよそ一〇年前に、「ものづくり」をテーマに展示会を開催した。高岡美術工芸高等学校、富山大学芸術文化学部などと協力して、工芸都市高岡のイメージ再生を意識してのことである。当時の館長遠藤幸一は、高岡市美術館の方向性について次のように語っている（『高岡市美術館ニュースPATIO』第二〇号、二〇〇五年三月二〇日）。

「もっと地元高岡の歴史的あるいは伝統的な文化・芸術の意義みたいなものを掘り起こしておきたかった。……これらは同時に、今後一〇年の課題になってくると思う。……平成一七年度について言えば『ものづくり高岡』をキーワードとした展覧会がいくつか開催されるが、その意義を伝える努力も必要となってくる。

それから、高岡市に瑞龍寺、勝興寺をはじめとする文化財から始まって、おそらく高岡の旧家や愛好家に秘蔵されている古美術品や資料、そういったものの調査・研究をふまえて、あらためて高岡の素晴しさをどう提示していけるのか、それがこれからの美術館の課題となっていくだろう。」

遠藤はまた、「経済が好調の時代はそれでもなんとか運営が可能だった。しかし、社会全体における経済状況の悪化にともなって美術館の置かれている状況は厳しいものにならざるをえなくなってきており、展覧会開催にも、これまで以上の困難が伴う時代になってきている」と、美術館の置かれている厳しい環境にふれた上で、これからの方向性について、つぎのように見通す。きわめて重要な指摘であるので引用しておく。

「あらためて『社会の中にどれだけ美術館が根付き、支持が得られているか』ということが問われるのだ。そこに立ち返って美術館というものの基盤を固め直さなければいけないと感じる。……大きな二つの模索を強いられている。それは簡単にいえば、来館者を見据えて、そのニーズに応えたお客さんの入る展覧会の開催が今求められている。一方、美術館が見識というものをもって新たな価値の創造を提起する展覧会をしなければならない。それぞれに難しさがある。……文化・芸術の仕事は、目の前・当面の満足や成果と共に、未来の価値を創出することにあるわけで、美術館は将来に対して責任を負っている仕事だという自覚にたって仕事をしなくてはいけない。また、その部分を是非来館者や美術館を運営する母体にも理解してもらいたいと考えている。

『美術館』の存在意義というものは、今そこにいる市民の喜びと共に、五年後一〇年後あるいは数一〇年後の日本の、高岡の文化というものに対して、やはり責任を負うことだといえる。その点では教育と似ている。作品の収集にあたっても、現在の評価に惑わされることなく、五〇年後、真に高岡の文化遺産として光を放つ作品を求めなければならない。」

遠藤は、今後一〇年後の高岡市美術館のあり方について、津和野の安野光雅美術館[*]や、鹿沼の川上澄生美術館[**]によるまちおこしの事例にもふれ、美術館を単独施設とせず、他の地域の組織と連携することを重視しながらも、地元の文化活動の拠点となるべき本来の美術館の役割を強調した。わたしもこの見方を強く支持する。いうまでもなく、その役割のあり方を探ること自体が、わたしたちの地域の文化そのものを振興することになるからだ。

＊安野光雅美術館―津和野出身の画家安野光雅（一九二六～）を記念した町立美術館。平成一三［二〇〇一］年に開館。

＊＊川上澄生美術館―神奈川県出身で、宇都宮中学の英語教師であり版画家であった川上澄生（一八九五～一九七二）を記念した栃木県鹿沼市の市立美術館である。平成三［一九九一］年に開館。

終章　地域文化と経済

1

ストックから文化へ

明治時代の西欧の模倣＝近代化の下で、「アート」は「美術」という新しい日本語へと置き換えられた。用語の変遷はともかくとして、文化を美術や芸術という狭い範囲に押しとどめると、多くの重要なことが抜け落ちる。文化という考え方は、人びとのさまざまな営みが歴史的に堆積して、何代にもわたって形成されることに本質がある。文化とは、つまるところ、ストックである。その内実は、特定の個人ではなく、集団のかたちである。

文化的集団が、特定地域の社会集団であることもあれば、技能や技術に関わる職域集団や産業集団、あるいは、特定事業目的の企業である場合もある。その場合は、組織文化と言い換えもできる。芸術家やアーティスト集団が特定技能や特定技法に依拠してきた場合は、画壇や流派になる。これもある種の組織文化である。

組織文化論では、社会学者のリチャード・セネット（一九四三〜）の見方がある。セネットは『新しい資本主義の文化』（邦訳『不安な経済／漂流する個人―新しい資本主義の労働・消費文化―』）で、レーガン政権以降の米国流資本主義＝いわゆるグローバリズムの浸透と企業との関係を組織文化という視点からとらえる。

「人々の働く場は村というより鉄道駅に似たものとなった。定着よりも移動を特徴とするグローバル時代の象徴は移住である。……グローバル化した北半球だけでなく、アジアやラテンアメリカにおいても未曾有の富が形成されたこの五〇年間において、新しい富の創出は政府や企業の固定的官僚制度の解体と無縁ではなかった。最近一世代の科学技術革新もまた、中央による統制のもっとも及ぶことのない組織で活発であった。確かに、こうした成長には高い代償がともなう。社会的不安定はもとより、最大の経済的不平等が。しかし、経済の爆発的成長が起こらないほうがよかったという考えは、不条理だといわざるをえない。」（森田典正訳）

セネットは、「文化が視野に登場するのはこの地点」と主張する。彼の指す文化は「芸術的な意味」ではなく、「人類学的意味」(*)である。人類学的な意味＝文化とは、人びとの生活組織を本質的に支える規範や組織の構成原理のことである。セネットは、またつぎのようにもとらえる。

「人々の生活組織が断片化されたとき、彼らの連帯が支える価値や習慣は何なのか。……共同体だけが文化定着の方法だとは限らない。都市ではよそものどうしがお互いのことを知ることもなく、ある共通の文化のなかに暮らしているからだ。しかし、支えとなる文化の問題は規模だけではない。」

＊人類学は、一般的に「人類に関する」学問であり、研究方法的には、自然人類学と文化人類学に分類される。セネットの

いう人類学とは、もっぱら文化人類学である。これは、いろいろな民族の文化や社会を研究対象とし、民族学や社会人類学という分野とも重複する。文化人類学は、言語、社会、法、政治、経済、芸術、音楽、心理、教育、都市、農村、医療などの分野に細分化されてきてもいる。

グローバリズムの進展で、企業の国境を越えた資本の移動・合併などが繰り返され、企業規模は拡大し、人びとの働き方は多様化する。また、たえず移動することで、本来、人びとが長期的な関係の下で構築する組織文化が定着する時間的余裕は奪われた。セネットも、「業務から業務へ、職から職へ、場所を移動しながら、人は短期的関係や自分自身をどのように律していけるのか。組織がもはや長期的な枠組みを提供しないとすれば、個人はみずからの人生の物語を即興でつむぎだすか、あるいは、一貫した自己感覚ぬきの状態に甘んじなければならない」と指摘する。

セネットは、組織文化の形成を困難にしている他の二つの点にも言及する。一つは技術革新のサイクルが短くなったことで、知識や技能を身につける時間が短縮され、人びとは、追い立てられるようになり、短期的状況へ対応できる能力が個々人に要求されるようになったことである。セネットはいう。

「現代経済における技術の有効期限の多くは、実際、長いとはいえない。……労働者は平均して八年か一二年に一度は再訓練されなければならない。才能もまた文化の問題である。新たに台頭した社会秩序は一芸に秀でる職人的理想に否定的影響を及ぼした。職人的なこだわりは時として経済を阻害する。現代の文化は、職人技に代わって過去の業績より潜在的能力を高く評価する能力主義という考え方を発達させた。」

要するに、技術革新の時代には、長期にわたって身体化される技術や技能ではなく、新技術への適応「能力」、あるいは、そのための潜在「能力」が必要となる。ＡＩ（人工知能）技術に代表されるコンピュータ、とりわけ、アルゴリズムなどソフト面の発展によって、人びとの仕事がコンピュータに置き換わる可能性も現実になってきた。これにより、人びとが職に留まるためには新技能や新技術の獲得が求められる。

二つめは、「諦め」である。諦めとは過去との決別能力である。セネットは、「職場で地位を自分のものとして所有している人間は誰ひとり存在せず、過去にどんな業績をあげていたとしても、それは必ずしも地位の保証にはならない。……（経営者にとって―引用者注）人間が積んできた経験を過小評価できる奇妙な特質が必要だ。……新品を買いたいがために、使えるのに古い製品を簡単に捨ててしまう消費者のそれに類似している」と指摘する。

米国人のセネットがそのように指摘するのは、彼自身がレーガン政権下での米国経済の構造変化の行方を強く意識していたからだ。やがてグローバリズムという名のアメリカ化のなかで、規制緩和による自由な経済活動というイデオロギーが、社会を変容させた。一九八〇年代に、米国経済のインフレーション抑制のための高金利政策―いわゆるボルカーショック―によって、米国の製造業は国内生産の安定的継続が困難となり、アジアを中心とする海外生産へと大きくシフトした。当時、米国中のエコノミストが産業の空洞化問題―deindustrialization of American industries―を論ずる一方で、中西部諸州政府が外国製造業の誘致を呼びかけたのは、そのような背景からである。(*)

＊当時の米国経済や州経済の状況については、寺岡寛『アレンタウン物語―地域と産業の興亡史―』税務経理協会（二〇一〇年）を、ボルカーショックなどレーガン政権下の金融政策などの詳細については、同『恐慌型経済の時代―成熟経済体

制への条件—』信山社（二〇一四年）を参照されたい。

米国の企業経営は短期的雇用—temporary workers（*）—と、短期的利益に依存するウォールストリート（株価）連動型へと急速に変化した。この傾向の下、米国企業の組織文化も変貌した。この動きが欧州諸国（**）や日本にも伝搬した。雇用は短期化し、組織内の雇用形態は多様化した。正規雇用者、派遣、パート、アルバイトから構成される職場が、どこの組織でもみられようになった。これまでの同一組織に属する正規・長期被雇用者のもつ一体感的組織文化は、父母の世代から子世代、さらに孫世代になるに従って、過去のものとなりつつあるような感もある。

*この時期の米国での急成長企業は、未熟練労働や一般事務労働ではなく、専門技術者分野での派遣が大きな割合を占めたことで、コンピュータによるマッチングシステムを利用した派遣労働者事業分野で目立っている。詳細はつぎの拙著を参照。寺岡寛他著『アメリカ経済論』ミネルヴァ書房（二〇〇四年）。

**この変化は、福祉国家の代表といわれてきた北欧諸国にも見られるようになってきた。フィンランドについてはつぎの拙著を参照。寺岡寛『比較経済社会学—フィンランドモデルと日本モデル—』信山社（二〇〇六年）。

セネットの認識では、資本の移動で、人の「移動」、「変化への対応能力」、「過去との決別という諦め」が新文化となりつつある。この現状について、「短期的なものに順応させられ、潜在的能力だけを評価され、過去の経験をすすんで放棄する自己は—優しくいえば—変わった人間だともいえる。われわれのほとんどは人生の持続的な物語を必要とし、特殊なことに秀でていることを誇りに思い、みずからの通ってきた経験を大切にする。ゆえに、新たな組織に不可欠な文化的利用は、そこで生活する人々の多くを傷つけているといってもよいのである」と指摘する。

資本の本来性＝越境性と労働力たる生身の人間との関係、そこから生じるさまざまな問題と課題はいつの時代もある。しかしながら、現在は通信技術の革新によって、人と人との関係が「いつでも」、「どこでも」という利便性に富む。半面、技術のスピードと人びとの生活感覚の日常的スピードの乖離は大きくなるばかりだ。

資本の移動は、事業所の新規立地や再立地―現在では国内だけではなく、世界各地で―を通じて容易に展開する。貨幣資本に至っては、各国のあらゆる通貨へとかたちを変え、わずかな利幅であっても、取引回数を増やすことで大きな利潤が得られる時代となった。そのスピードはわたしたちの時間感覚とは遊離し、想像をはるかに超える。それに比べて、労働の移動はそれほど単純なものではない。人は、生産や流通の場での労働力という経営資源の一つであると同時に、社会においては友人、知人、家族との関係の下での生身の人間である。人は資本と同じようには移動しえない。

グローバリズムの下での資本の運動法則は、他方で、人びとのローカルな生活との齟齬を生み出す。地域社会での人びとの営みという文化＝ストックをフロー化して、それまでの文化と切り離して、孤独な存在の絆を新たな文化として形成させることは実は容易ではない。それは単に地域社会ではなく、企業の組織文化にも妥当する。

2

ストック＝文化から、ストック＝歴史ということを思い浮かべると、何世代、あるいはそれ以上にわたって、蓄積されたものを文化ととらえがちである。他方、グローバリズムは技術の急速な発展を通じて、人びとの意識を地域から解き放ち、地球市民意識を同時代的に形成する。

とりわけ、それまでの消費文化が大きく変わってきた。これは、ネット文化あるいはネット消費文化と名付けてよい。グローバリズムのもたすグローバルな意識＝グローバル文化は、地域のもつ固有の消費文化から隔絶したネット消費文化でもある。ネット消費文化は、大量生産・大量消費を一層進めるかたちで形成される。この点は、もっぱら経済学者や経営学者が好んで取り上げるテーマであるが、他分野の専門家、たとえば、建築家などの見方も検討しておく必要がある。

それぞれの地域環境に合致したローカルなデザインを重視する米国人建築家のウィリアム・マクダナーと、ドイツ人化学者のマイケル（ミカエル）・ブランガードは、持続性―サスティナブル―のある経済活動＝生産活動のあり方を、「ゆりかごからゆりかごへ」の循環思想からとらえる。彼らは、『ゆりかごからゆりかごへ』（邦訳『サスティナブルなものづくり―ゆりかごからゆりかごへ―』）で、世界各地の気象や風土に合致させた環境負荷が低い住宅などに着目してきた建築家たちである。

彼らは、「地域の特性を生かした、簡素な素材を利用する優れたデザインは文化的な豊かさの表れでもある……建築家や工業デザイナーは、リサイクルされた素材やサスティナブルな材料を用いるようになり始めた……それは見た目の良さや手軽さ、安さといった、表面的な価値に惹かれていただけだった。……デザインには人間の『意図』というものがはっきりと表わされるのだ」とした上で、人間によるデザインをつぎのように指摘する。

「地球上に生息するアリ（蟻）をすべて合わせたバイオマス（生物量）は、人類の総人口をはるかに上回るものである。アリたちは過去一〇〇万年以上もの間、驚くほどよく働いてきた。その驚くべき生産力によってアリたちは、植物や動物たち、そして土壌に豊かな栄養分を提供し続けてきた。その一方、人類は、産業と呼ぶものを繁栄させたのが、ここ一〇〇年ほどに過ぎないにもかかわらず、地球の生態系を衰弱させてしまっている。明らかに自然の生み出すデザインには問題はなく、人間の生み出すデザインには問題があるのだ。」（岡山慶子・吉村英子訳）

デザインは建築などに象徴されるかたちに限定されがちだが、実際は合成洗剤や農薬、化学肥料などから環境問題を引き起こす化学物質(*)はもとより、多くの電子部品などから構成されるハイテク製品までを対象とする。広義のデザインは低環境負荷をどのように「かたちづくる」のかも意味する。農業関連の有機化合物（＝農薬）も、安全なかたちで土へと再び戻すことを前提に、デザインできるだろう。また、障害者なども利用しやすいかたちの追求は、ユニバーサル・デザインとされる。他方で、地域のもつストックとしての歴史的個別性に着目する多様なローカル・デザインもまた、重要となってきている。

＊ＤＤＴやダイオキシンなどは、有害化学物質としてよく知られているが、そうした毒性が確認されているのは、毎年生み出されてきた化学物質のほんの一部にとどまっているのが現状である。日本では、「化審法」（正式には「化学物質の審査及び製造等の規制に関する法律」）によって化学物質は、規制されている。たとえば、「第一種特定化学物質」は、自然環境のなかで分解されることはなく、動植物—人を含む—の体内に蓄積され、毒性が高まる物資については製造と輸入が禁止され、必要な場合には取扱業者に回収命令が出される品目である。

「第二種特定化学物質」は、有害性が高いために、業者は製造量や輸入量などを政府に報告する義務が課されており、必要に応じ、政府は製造や輸入の制限を行うことができる品目である。「監視化学物質」とは、毒性が明らかになっていないものの、環境のなかで分解されず、生物体内で蓄積されやすいため、今後、第一種とされる可能性がある品目である。「優先評価化学物質」は、監視化学物質ほどでないにせよ、監視化学物質と同様に今後とも注意を要する品目である。

注意を要する化学物質は、残量農薬などに含まれるものと考えがちであるが、さまざまな情報機器などのハイテク製品には、プラスチック部品が使われており、その加工に使用される可塑剤や難燃剤―ある程度の温度にも耐えられるように―が、製品廃棄に伴うごみとして処理した場合に発生させる有害ガスなどの問題もある。この他にも、わたしたちの衣食住に関わる商品にはさまざまな化学物質がつかわれていて、その使用過程あるいは廃棄処理が問題である。

自然のデザインを重視するマクダナーたちは、すべての地域がコンクリートとアスファルトで覆い尽くされる「フリーサイズ戦略」に批判的である。

「何十年、何百年もの間、独特な美しさや伝統的な特徴を保ち続けてきた建物や街並みを、均一で個性のないものに変えてしまう。かつてさまざまな動植物に満ち溢れていた野性は減少しつつあり、多くの場所では極めて生命力の強い生き物、……庭があれば、ただ一種類の芝草のみを平たく植え、人工的に発育を促進する……人間はひたすら同じものの繰り返しだけを求めているかのように思える。

筆者らは人間の行う、こうした大規模な単純化を『反進化』(de-evolution) と呼んでいる。それは自然の生態系にのみ向けられているのではない。人間自身が何世紀にもわたって築きあげてきた多種多様な文化(食、言語、服飾、信仰、感情表現、芸術など) さえも、均一化という波で世界中から消し去りつつあるのだ。

この均一化の波に対して、筆者らは『多様性の尊重』という原則を推し進めるべきだと考えている。この多様性とは、生物の多様性だけではなく、風土や文化、願望やニーズといった、人間をユニークたらしめているものの多様性をも含む。」

すでに示唆したように、グローバル化され均一化したネット消費文化は、他方でローカルな消費文化を引き寄せる。それは、大規模生産が小規模生産を駆逐してきたものの、他方で、小規模で多様性をもつローカルな消費文化と生産文化を呼び起こしたのと同じ構図である。

産業分野でも、大規模で単一作物の機械化農業が、他方で、多様な作物を循環させる有機農法―無農薬農法―を引き寄せてきたことを思い浮かべればよい。だが、フロー重視の経済のグローバル化は、多様性というストックの底を浅くさせた。再び社会をより豊かで多様性に富む文化へと再生させる仕組みを生み出せるのか。それは行政の取り組みや制度などの問題ではなく、人間の意識の問題である。

文化から地域経済へ

1

地域経済の疲弊、とりわけ、製造業などの空洞化の下、アートによる地域経済再生がまことしやかに登場してきた。たしかに、アートとは文化の視覚化であり、ある意味わかりやすい。だが、アートが産業となるのかどうかは、その市場性にかかっている。市場と商品とは、密接な相互性をもつ。アートが商品である以上、それらには価格が付けられる。アートの価格は評価する人たちの価値観に左右される。そして、多くの人がアート作品に惹かれるのは、それに付される価格に拠ることも事実である。

アートには、アートそのものの存在価値のほかに、市場での売買価格＝交換価値がある。美術館に展示される絵画に値札はついていないが、落札価格が大きな話題となり、人びとを美術館に引き付ける。すぐには観賞価値や存在価値を見いだせない現代アートであっても、とんでもない価格が付けられ売買される。アートが投資の対象だからだ。

アートが産業となるには、アートを生み出す生産者としてのアーティスト、それを評価し値札をつけることのできる情報を提供する批評家・研究者などに加え、その流通を担う一定数のギャラリストの存在を必要とする。アート産業の興隆は、アート従事者の増加を意味する。

生産者としてのアーティストは、インキュベータのような場を必要とする。理由は、アーティストが自力で生活していくことが容易にできないからである。もちろん、アーティストは、工場設備のように高価な機械設備を必要としない。彼らのアトリエは広くて賃貸料の安い、市内でも使われなくなった倉庫街や、治安上の問題を抱えた地域である場合が多い。

かつての米国ニューヨーク市のソーホー地区―South of Houston Street―も、そのような理由から、若手で無名のアーティストが住みつき始めた場所であった。そこから著名なアーティストが生まれ、作品が高値で売買され始めた。それにしたがって、ソーホー地区は観光客の訪れる場所となった。さらには、外国のギャラリーや美術館などが開館することで、一層観光客をひきつけ、おしゃれなレストランやブティックが立地した。皮肉なことに、ソーホーは芸術家の街として著名になったものの、芸術家たちは高騰した賃貸料に堪えかねて、ソーホーを去った。あとにソーホーという芸術や文化のイメージが残り、イメージが再生産された。

こうした経緯をたどった地域はニューヨーク市だけに限らない。大学などでアート・マネジメントを論じてきた辛美沙は、『アート・インダストリー―究極のコモディティーを求めて―』で、中国北京の七九八地区でも、同じようなソーホー化の傾向が進展していることを紹介しつつ、ソーホーのような都市開発モデルの影響を、つぎのようにとらえる。

「アートは都市開発において、他の何を持っても不可能な、高度なブランディング戦略のツールになりうることだ。アートはそれだけの数のレストランやホテルを満員にするほどの人を集めることができ、それによって職業を生み出し、コミュニティーを潤すことができる。六本木ヒルズやミッドタウンにもし美術館がなかったら、ただの大型都市開発でおわっていたであろう。……ソーホーからはじまった、アートによる都市再生のための高級化戦略は、全世界にひろがっている。」

アートは、アーティストとその周辺の専門家たち、さらにはアート集客効果の恩恵を受ける飲食業などサービス業までをふくめて、広義のアート・インダストリーを形成しうる。ただし、辛は、「日本はアートが職業として成立しない場所」であるとして、つぎのように問題を提起する。

「インダストリーとは、経済が伴っていること、つまりそこには人々がその産業を生業としていることである。経済力のともなわない産業は人材も育たず、競争力はなくなるだろう。……この国でアートは職業として社会的な認識もリスペクトもない。アートは趣味と教養であれば十分なのだ。仕事として成立しなければ、プロフェッショナルの需要などあろうはずもない。実際、日本のアート業界は女と学生とヴォランティアばかりだ。」

アート専業で「食える」個人や集団をプロフェッショナルというならば、そのような人たちは日本にはまだ少ない。アーティストが、ボランティアや美術教師や絵画教室との兼業者ばかりでは、プロフェッショナルの生活を成立させる規模のアートマーケットは、成立しがたい。一九八〇年代以降、日本でも公立美術館が増えたことで、アートへの「官公需」創出が期待された。だが、それらの美術館は日本人アーティスト作品ばかりを蒐集しているわけではない。むしろ海外作品の購入が多いケースもある。そうだとすれば、官公需よりもむしろ民需が重要になる。

民需は、大別して個人（家計）と企業から成る。バブル経済の時期、日本の大企業がアート作品を買いあさり、絵画などのオークション価格が引き上げられた。しかし、アートブームの動きが日本のアート市場を拡大させ、アート・インダストリーの育成に大きく寄与したのかと問えば、必ずしもそうとはいえない。個人では、医者や企業経営者など高額所得層が作品を蒐集する。アートの消費形態は、フランスの社会学者ピエール・ブルデュー（＊）（一九三〇〜二〇〇二）が「文化資本論」で示唆したように、高額所得層のステイタスでもある。「一点もの」の高額アートは高額所得層の富の顕示と映る。

＊ブルデューは、「ハビトゥス（習慣・生活態度）」について、社会階級との関係から分析を行った。裕福な家庭の子弟が享受できる教育は、授業料などが高額であるために、社会階層的に同様な子どもたちが学ぶことになり、彼らあるいは彼女らが同様の教養や習慣を身につける場となる。

ブルデューは、そうしたハビトゥスを「文化資本」としてとらえ、教育機関をハビトゥスの再生産機関と位置付けた。同一階層がアートや音楽などにおいてこうした教育の機会を通じて、同一の趣味や趣向をもつようになる。

すでに紹介した米国の経済学者ソースティン・ヴェブレン（＊）は、『有閑階級の理論』で、新たな消費スタイルや消費を仕事とする有閑階級によって、富の顕示は主導されることを指摘した。ヴェブレンは、有閑階級の「見せびらかす」ことを目的とする消費形態を「顕示的消費（conspicuous consumption）」、多忙な夫などに代わる妻などの消費を「代行的消費（vicarious consumption）」と位置付けた。

＊ノルウェイ系移民の子としてウィスコンシン州に生まれた。エール大学で学位を取得したあと、シカゴ大学、スタン

フォード大学などで教鞭をとった。ヴェブレンは、社会について、単に経済論理だけではなく、人びとの社会行動意識などからも分析を加え、のちに制度派経済学の始祖とよばれるようになる。

顕示的消費によって、新たな商品は多くの人たちの目にふれる。そうした商品やサービスを消費することが多くの人たちの憧れとなる。すると、供給者たちは、その商品をより安く提供することに心を砕く。それらの商品は、価格弾力性が大きいために、価格が低下すれば一挙に市場は拡大する。たとえば、一点もの絵画では購入が高価で困難であっても、版画であれば購入することはたやすくなる。現在では、いろいろ技術の発展によって、コピー製品も可能である。アートの一品性、あるいは、そこでしか鑑賞することのできない場の限定性も、今後、デジタル技術などの発達によって確実に変化していくにちがいない。

2

アートの一品性と鑑賞する場の限定性は、地域の美術館にとってどのような意味をもつのか。

アート鑑賞の場である美術館についてみれば、京都市、金沢市や倉敷市など文化都市だけではなく、かつての農村あるいは漁村が高度経済成長の過程で工業都市へと変貌した地域にも建設されてきた。そうした地域では、アートや文化を中心に地域経済を活性化させようという試みがある。

わたしはそのような地方都市をコツコツと訪ねてきた。その度に、そこでの美術館の存在とは何であろうか、と問うことが多い。そうした地方都市の自治体がもつ地域経済振興計画―名称はいろいろとあるが―が強調するように、工業を中心とした経済効率だけを優先したまちづくりから、アートや文化を中心とする地域経済・地域社会へと、再び活性化させることができるのか。

たとえば、愛知県の三河地区の南に位置する、かつては入江の砂浜の美しさでよく知られた碧南市は、埋め立て工事を繰り返すことで臨海工業地帯となった地域である。碧南市では、伝統産業や地場産業の三州瓦、みりんなど醸造業も発展した。現在では、伝統ある文化都市というイメージよりも、自動車部品の工場などを中心とする地方工業都市というイメージがむしろ定着している

碧南市の場合、平成一二［二〇〇〇］年に、市内大浜地区が「歩いて暮らせるまちづくりモデル地区」に選ばれた。これをきっかけに、翌年、「碧南市文化振興計画」が策定された。美術館の建設も論議されるようになり、その約一年後に美術館建設検討委員会が設置された。そして、平成二〇［二〇〇八］年にかつての碧南商工会議所を改修して、碧南市出身の工芸家の藤井達吉(*)を記念した現代美術館が開館した。

＊藤井達吉（一八八一～一九六四）―愛知県碧南郡棚尾村源氏（現碧南市源氏町）に六人兄弟（三男三女）の三男として生まれた。実家は米穀・肥料・綿糸を扱う商家。尋常小学校卒業後に知多郡大野の木綿問屋に奉公に出るが、三年後に台湾で雑貨商を営んでいた長兄を頼り渡台。一年後に退社し、美術学校への入学を望むものの叶えられず、名古屋の服部七宝店に入社した。

藤井はこの仕事を通じて美術、とりわけ、七宝、図案、陶器に親しむようになる。米国セントルイス万国博覧会への七宝作品の納入業務やオークション参加によって、美術への造詣を深め、ボストンでは、ボストン美術館の見学に大きな刺激を受けた。二四歳の時に、藤井は工芸作家を目指し上京し、明治四二［一九〇九］年の東京美術工芸展に出品している。大正元［一九一二］年に東京銀座で開催された「第一回ヒ（フ）ュウザン会展」でも、バーナード・リーチや岸田劉生などとともに作品を出展している。その後の活動を通じて、和紙工芸や瀬戸の陶芸に大きな影響を与えたとされる。

同美術館は、「当地出身の日本近代工芸の先駆者のひとりであった藤井達吉の顕彰、子供たちを始め幅広

い世代へ向けた教育普及事業、まちづくりの拠点施設としての役割という柱のもと、美術に関わる情報を発信し、生活の豊かさや心のゆとりをもたらす場として、市民に親しまれる美術館を目指します」と開館の意義について述べ、美術館の役割として、藤井達吉の顕彰事業のほかに、つぎの役割を掲げている。

（一）「過去から未来までを常に視野に入れていた藤井達吉の精神を見出せる現代作家を発掘し、若者に対する広場と創造の場としての全国に発信」すること。

（二）「新しい芸術を身近に提供することで市民の芸術文化の向上を支援し、子供たちの豊かで未知なる感性を伸ばして未来を見据える力を育てる」こと。

（三）「地域の歴史や文化に焦点を当てた研究を行う」こと。

こうした美術館の役割については、多くの地方美術館もほぼ同趣旨の文言を掲げている。碧南市の場合は特定の作家の名前を冠しているだけに、藤井達吉と碧南市がどのように関係づけられているのだろうか。(*)

*このほかにも、個人の作家などの名前が冠された公立美術館はある。たとえば、丸亀市猪熊弦一郎美術館（一九九一年開館）、入江泰吉記念奈良市写真美術館（一九九二年）、香川県立東山魁夷せとうち美術館（二〇〇五年）などがある。

ちなみに、碧南市藤井達吉現代美術館のすぐ近くには、僧侶・宗教哲学者の清沢満之（一八六三〜一九〇三）の記念館がある。清沢は名古屋市生まれだが、肺結核を患った折の療養の地が碧南市の西方寺であり、清沢は西方寺の副住職として亡くなっている。なお、清沢の旧姓は徳永で、結婚により入寺し、妻の清沢姓となっている。この地域は、寺社の多い仏教の盛んな地域であり、清沢は寺社町としての碧南市をイメージさせる人物であるが、仏教文化や仏教美術との関係を強く印象づける存在ではない。

さて、藤井は芸術家というよりも、大正期に工芸運動の一端を担った人物であるが、長い間、地元の一部の人たちを除き、忘れられていた。藤井達吉現代美術館の館長の木本文平は、「藤井達吉の動き」で、つぎのように藤井を紹介している（同美術館編『藤井達吉のいた大正―大正の息吹を体現したフュウザン会(*)と前衛の芸術家たち―』所収）。

「官展への工芸部門の設置運動や、全国的なブームとなった家庭手芸運動の中心人物として大正時代の工芸界をたえずリードしてきたのです。それはまさに大正工芸界の前衛の旗手というべき存在でした。しかし、昭和に入ると一転して、それまでの美術界における積極的な活動から身を引き、日本の伝統工芸の調査や後進の育成に力を注ぐようになりました。これが藤井の郷土時代の始まりであり、昭和二〇年に愛知県の小原村へ疎開し、それ以降八三歳の生涯を終えるまで再び東京の地に帰ることなく、愛知県の郷里・碧南や岡崎、そして静岡県の沼津などの各地を転々とし、藤井を慕う人々とともに人生を過したのです。」

＊フュウザン会―設立当初は「ヒュウザン会」―は、大正元［一九一二］年九月に結成された美術家・芸術家の集団である。この会の発起人となったのは、洋画家の岸田劉生（一八九一～一九二九）、彫刻家の高村光太郎（一八八三～一九五六）、洋画家の斎藤与里（一八八五～一九五九）たちである。フュウザンは、仏語の「木炭」からとられた。
藤井達吉のほかに、洋画家の萬鉄五郎（一八八五～一九二七）。洋画家・版画家の木村荘八（一八九三～一九五八）、陶芸家のバーナード・リーチ（一八八七～一九七九）が参加。第一回展覧会は結成翌月に銀座にあった読売新聞社で開催された。大正二［一九一三］年三月に第二回展覧会が開催されたが、同人たち、とりわけ、岸田と斎藤の芸術観をめぐる対立から解散した。

藤井は晩年を碧南市などで過したが、創作活動の盛んな時期には、むしろ郷里以外の場所で活動していた。晩年、藤井は、当時の市長に郷土の文化・芸術振興のために、自分の作品とコレクションの寄贈を申し入れた。だが、地元にはそれまで美術館などはなく、結果として愛知県美術館が収蔵することになる。木本は、「昭和二八年に愛知県が美術館を含む文化会館の建設計画を発表したとき、藤井は『美術館に物ありき』という考えから寄付の申入れをしたのでした。実は若かりし頃、ボストン美術館をみた藤井にとって、コレクションは美術館にとって一番重要なものという認識があったのです。藤井の美術館に対する見識は高く、誰よりも美術館学に精通していたのでした」と当時の事情を振り返っている。

作家名が冠された美術館が開館されたことで、藤井達吉現代美術館は多くの美術関係者などにも知られるようになった。だが、藤井に関連させて工芸や芸術との関係で、碧南市のイメージが構築されてきたとは言い難い。同美術館の学芸員の浅野泰子は、「藤井達吉のいた大正―フュウザン会参加者をはじめとする前衛芸術家と藤井達吉の興隆について―」で、藤井はその「文人的な性格」のために、長年知られる事が少なかった孤高の人ではなかったか、とつぎのように論じる（前掲書所収）。

「文人的な制作は制作態度にも当てはまる。つまり大きな展覧会への出品も画商への作品売却も潔しとしなかったのである。そのため碧南市を中心とする三河地方では、孤高の位置にあって制作に励んだ若干変わりものの人物とみなされてきた。……作品の売却をしない藤井の生活を支えたのはまさに尾張地方を含む故郷の善意だったのである。……自らの芸術論を説く藤井を『藤井先生』『達吉翁』と呼んで慕った人々にとっては、彼はあくまでも〝郷土の偉人〟のひとりであって、前衛芸術の最先端にいた頃の姿は想像しづらいものだったろう。」

岡崎市でひっそりと息を引き取った「工芸家」の藤井翁が、かつての前衛芸術家の一人として活動が世に知られるようになるのは、平成に入ってからである。現在でも工芸というイメージは、古都である京都や鎌倉、古い城下町である金沢などに馴染んだイメージである。そうだとすれば、藤井の残した文化活動が、臨海工業都市としての碧南市のもつ地域イメージを、どのように変えて行くことができるのだろうか。

3

かつては、どのような産業が地域の主要分野であるかにより、地域イメージがしっかりと形成されていた。地場産業史が地域イメージ史と重なり合うのは、そのためである。今日、地域の主要産業が衰退することで、かつての産業都市は新しいイメージとしての文化都市へと変わっていこうとしている。果たして可能なのだろうか。

たとえば、長野県須坂市は須坂藩時代には陣屋町であり、明治維新後は日本を代表する製糸業の町として知られるようになった。いまでも、その面影は蔵や商家の建物などに残る。文化ということでは、隣町の小布施町が、浮世絵師の葛飾北斎（一七六〇～一八四九）の作品を集めて昭和五一［一九七六］年に北斎館を開館し、また江戸期の風情を復活させたまちづくりで、他地域の人たちに知られている。

一方、須坂市には須坂版画美術館が平成三［一九九一］年に開館した。須坂市で生まれ育ち、眼科医でもあった小林朝治（一八九八～一九三九）が金沢医大時代から絵画活動を始め、のちに版画家になって残した作品や朝治のコレクションを展示する特徴ある美術館の一つである。朝治の子息である小林創は、同美術館の開館の際に寄せた祝文で、父朝治の版画家としての歩みをつぎのように振り返る（須坂市版画美術館編

『須坂版画美術館開館記念』収録)。

「昭和七年、須坂洋画展に、(亡父が—引用者注)はじめて版画を出品しました。当時の目録を見ますと、版画の出品は、父、朝治ひとりでした。しかし、その後多くの同好の志を得、版画同人誌『櫟』を発刊、版画講習会、版画協会の設立などと、当時須坂および長野県下の版画の普及に務めたようです。その後の基礎となった考えは、同人誌に〝櫟〟と命名した真意です。『櫟』の創刊号のあとがきにあるように〝木を楽しもう〟ということで決めたのです。……この素晴らしい美術館も所蔵している作品を展示するだけでなく、有名、無名を問わず〝木を楽しむ人々〟—版画を愛し、楽しむ人たちの豊かな表現力、斬新な、すぐれた作品の発表の場でもあってほしいと、亡父も願っていると思います。」

『櫟』は、小林朝治が愛媛県での勤務医を辞め、昭和六［一九三一］年に郷里の須坂に戻り、当地で眼科医院を開業し、診察のかたわら、長野県下の版画家たちに呼びかけ、自分たちの作品を編集し、昭和八［一九三三］年から発行しはじめた版画同人誌である。

翌年には、朝治は信濃創作版画研究会を設立し、外部から版画家を招いたりして、須坂を中心に版画の普及に尽力した。朝治自身も版画制作に励んだ。版画のコレクションで知られる町田市立国際版画美術館の学芸員の河野実は、「小林朝治・近代版画コレクションと須坂版画美術館」で、朝治の作風やコレクションについて、つぎのような評価を下す(前掲書所収)。

「昭和六年信毎展に《鶴之図》が入選したのを皮切りに、信毎展、国展、日本版画協会展と、作品を発表しつづけ確実な成果を上げた。……氏は多くの玩具コレクションの中から選び抜かれた、玩具を題材に捉えており、氏の重要な画題となっている。……小林朝治は創作版画運動を長野という地域で開花させ、育んだ版画家であり、作品には朴訥とした理性を有した作品を作りつづけた、近代版画史の中に銘記されるべき版画家である。

さて、小林朝治コレクションであるが、基本的には二大別できる。第一に当時第一線で活躍していた版画家たちの作品群、第二に創作版画運動の骨格を成した版画同人誌の量である。……今後これらのコレクションが公開されてゆくなかから、近代版画史研究もより急速に進展してゆくものと考えられる。それだけに須坂版画美術館の位置の重要性が語られるのである。……小林朝治氏が、当時若い版画家たちを育成していたように、今度は美術館が国際的視野でその役割を担う時がきたのである。このことこそが小林朝治氏の理想の具現化と私は確信している。」

こうした評価を受けた小林朝治と須坂との関係は、ある意味で偶然である。朝治が眼科医として勤務した愛媛県で創作を続け、同地で生を全うしていれば、愛媛の地に彼の関係する美術館が建設された可能性もある。だが、朝治は帰郷を決意し、故郷の地で眼科医院を開業し、多くの地元の人たちと交わり、そこを起点にして、須坂など長野県を中心に版画を広め、仲間たちと創作活動を続けることで、版画の人的ネットワークが形成された。門切り型の一般論でいえば、朝治の創作の原点とは、生まれ育った須坂の自然であり、彼の作品は、蚕糸生産を中心とする須坂の社会経済環境のなかで培われた。

ただし、朝治が日本画あるいは油彩画で注目される作品を残していれば、須坂に版画美術館が開館しなかったことも十二分に考えられる。こうしてみると、一人の芸術家と地域の文化との関係は、きわめて偶然で細いものである。それを太く強いものとするのは、芸術家を生みだした地域のもつ文化受容度そのものであり、それを支えてきた、あるいはその後も支えることのできる地域経済の力である。

須坂市と同様に、かつての中心産業であった繊維産業との関係で、地域経済が発展してきた地域は多い。もう一つの事例を挙げておく。平成一〇［一九九八］年に尾西市に開館した三岸節子記念美術館である。なお、平成一七［二〇〇五］年の市町村合併―一宮市は同時に葉栗郡木曽川町も編入―によって、三岸節子記念美術館は、一宮市立三岸節子記念美術館となっている。

この地域は、長い歴史をもつ日本の代表的な木綿や絹織物の産地であった。明治以降は日本有数の毛織物産地であり、戦後の高度経済成長期には、市内各所に会社の女子寮がある「住工のまち」としてよく知られた地域である。その後、繊維産業の構造不況により、工場は住宅や商業関連の施設となり、名古屋からの至便性もあって、名古屋市の外延部的な地域となってきた。紡績工場などの跡地には、ショッピングモールなどが建設され、名古屋の郊外型ベットタウンとなっている。

三岸（旧制吉田）節子（一九〇五～九九）の生家は、一宮―尾西―でも有数の毛織物工場を経営していた。第一次大戦後の反動不況により、父親の紡績業経営は行き詰まり倒産する。そうした環境下で、節子は大正一〇［一九二一］年に上京し、洋画家の岡田三郎助（一八六九～一九三九）の本郷洋画研究所などに通った。その後、岡田が教授を務めていた女子美術学校西洋画科でも学んだ。若手画家のサークルのなかで、節子は三岸好太郎（一九〇三～三四）と出会い、結婚する。後に、節子は夭折した好太郎の作品を収集し、札幌の地に北海道立三岸好太郎美術館の建設に尽力する。節子は四人の子供を育てつつ、晩年にいたるまで、実に勢力的に多くの作品を描き続けた。

尾西市は、昭和六三［一九八八］年に、節子を名誉市民に推挙し、翌年、尾西市歴史民俗資料館で「尾西市市制三五周年記念名誉市民三岸節子新作展」を開催した。平成六［一九九四］年には、女性洋画家として、初の文化功労者となっている。(*)こうした経緯から、尾西市は、三岸節子を記念する美術館の建設に踏み切る。

＊日本画では、小倉遊亀（一八九五～二〇〇〇）、片岡珠子（一九〇五～二〇〇八）、秋野不矩（一九〇八～二〇〇一）が、染色では志村ふくみ（一九二四～）がすでに文化功労者として選ばれていた。

三岸節子記念美術館の外観は、ノコギリ屋根風のかつての紡績工場の姿を模す。設計に当って、節子の実家の煉瓦つくりの工場の外観を強くイメージさせたことがわかる。節子の作品を集めた記念美術館を通じて、再びこの地に繊維産業の復活を期待することは楽観的すぎるであろう。

では、過去の歴史としてこの地に残るさまざまな文化の蓄積を、どのようなかたちで地域経済の発展へとつなげることができるだろうか。いずれにせよ、三岸節子の生きた時代と作品との関係を思い浮かべつつ、そのイメージを膨らませることのできる空間としての美術館の役割があってもよい。

地域経済と地域社会

1

「経済」と「社会」の関係を「地域」文脈でとらえると、経済＝市場原理と労働力だけではなく、そこに生活者も登場させなければならない。問題は、市場原理がそのまま社会的規範や社会的構成原理に等値されることで、対応すべき課題が誤って理解されたことだ。対応策が経済的論理のみにそって行われてきたことで、経済と社会との「ひずみ（歪）」が生じた。ひずみが大きくなると、ひずみ応力に弱いところから破断が始まる。

一般に、ひずみとは物体に外部から力が作用した結果、形状が変形されることを指す。転じて、社会や経済について、「ひずみが生じる」という表現は、社会の本来の姿が大きく歪められ、そのために問題が生じやすいことを意味する。この場合、重要であるのは、社会の正常な姿＝かたちをどのようにとらえるかである。そこが物理学的な概念である「ひずみ」と、経済社会学的な見方における「ひずみ」との相違である。

物理学的概念であれば、元の規準量と変形量との比率が「ひずみ度」とされる。仮に直方体形状の物体を考えてみよう。縦と横が同時に変化すれば、さほどの形状的なひずみは観察されない。もし、縦方向や横方向だけが変化すれば、その形状は変化する。形状が変化すると、物体内には、もとの形状や寸法を保持しようとする応力（抵抗力）が働き、形状の破断を防ぐ。この応力に一定限度以上のひずみが働き続けると破断する。工学では、ひずみと応力との関係が計算・数値化され、その関係の限界値は破壊勒性値とされ、建物の強度設計などに応用される。

経済原理だけが突出した社会にとっての破壊勒性値は、どの程度だろうか。これが限度をこえて破断するとは、なにを意味するのか。この点を鋭く問いかけた碩学は、経済人類学者のカール・ポランニー（一八八六〜一九六四）である。ポランニーは「埋め込み論」で、経済と社会の関係を論じてきた。ポランニーは、「経済決定論の信仰」で、人間の行動の動機のなかで、「経済的動機」を過大に評価していることに強く異議を唱えた（『市場社会と人間の自由―カール・ポランニーの社会哲学論集―』所収）。

「一般に、人間社会の生産組織は飢えや利得の動機を要請していない、ということが確認されている。実際、飢えの恐怖が生産活動と結びついている場合、この動機は他の強い動機と混ざり合っているのである。このような動機の混合は、われわれが社会的動機という言葉で言い表そうとしているのと同じであって、それは、われわれを承認された行動に適応させる一種のインセンティヴである。人間文明の歴史を概観しても、人間は物質的財を獲得する際に個人的関心で行動しているのではなく、むしろ自分の社会的地位や社会的権利、社会的資産を確保するために活動するために活動している……人間の経済は一般に、人間の社会関係のなかに埋め込まれているのである。」（若森みどり・植村邦彦・若森章孝編訳）

市場原理が大きな位置を占める現代社会は、「経済システムが社会関係のなかに埋め込まれる代わりに、今や社会関係が経済システムのなかに埋め込まれるようになった。身分と契約との関係が逆転し、いたるところで契約が身分にとって代わった」社会である。社会制度もまたこの経済システムの要請に適応せざるをえない。

ポランニーは、「結婚や子育て、科学や教育および、宗教や芸術の組織化、職業の選択、民間の福祉施設の状態、さらには日常生活の美的選択にいたるまで、あらゆることがこのシステムの要請に合わせてつくられなければならない」と分析する。ポランニーが問題視するのは、人びとがますますこのような「人工的な社会環境に急激に適応しようとしたことで……ほとんど信じられないくらい短期間のうちに、人間の条件に関する根拠のない見方が適用するようになり、公理の地位を獲得してしまった」ことである。

ポランニーの杞憂は、「飢えや利得のような」要素＝「物質的」と「信仰や義務や名誉のような」要素＝「観念」が完全に分離され、物質的＝経済的な論理だけが先行するような社会の下で、ひずみばかりを強いられる人間精神の病理にある。ポランニーが『社会学評論』（一九四七年）へ寄稿したのは、第二次大戦後の社会のひずみに対して強い危惧があったからだ。彼は、「実際に人間社会を特徴づけているのは、そのように分離された明確な経済制度が存在していないことである。まさにそれは、経済システムが社会関係のなかに『埋め込まれて』いることが意味するものである」と指摘した。

人間は社会関係の中に生まれ、育ち、そして生きる。そうした社会関係の一部は、いうまでもなく経済関係であるが、決してその逆ではない。また、人は、物質的動機と精神的動機に完全に分離され生きるものでもない。ポランニーは、「経済決定論の信仰」という論稿の最後をつぎのように締めくくっている。

「われわれは今もなお、生活の組織化は産業文明の現実に適応させるという課題を抱えている。われわれは人間や労働や自然に対する関係をつくり直さなければならない。……われわれの求めている文明は、人間生活の基本的欲求が充足される産業文明である。社会の市場的組織化は崩壊し、いくつかの他の組織化は発展しつつある。社会を新たな仕方で統合していくことは途方もなく大きな問題である。……しかし、経済決定論という悪霊に怯えてはならない。貧弱で非現実的な人間の本性についての見方、すなわち、人間の動機を物質的動機と精神的動機に分割するという二元論的な間違った考え方に誤って導かれないようにしよう。……公共的努力や良識ある市民、高度の政治的達成を組織するインセンティヴは、別系列の動機から生まれるのである。

経済システムは社会のなかでわれわれの理想を達成することを制限するに違いない、と想像しないようにしよう。市場に埋め込まれた社会だけが経済システムに決定されるのであって、他の社会はそうではないのである。……市場への隷属から自由になることによって、人はもっと重要な自由を獲得することになる。人間は、企画したり組織したり擁護したりできる十分な自由を享受できることを確信して、想像力に従って、自由に自分の社会を再び創出しつくり上げていくことができるのである。」（若森みどり・植村邦

彦・若森章孝訳)

ポランニーの指摘から半世紀が経過した。経済原理は、グローバリズムというイデオロギーの下で、ますます地球を覆いつつ、他方でローカリズムを引き寄せ、地域経済と地域社会の関係を複雑にした。国民国家と国民経済はそれまでの境界を超え、経済活動＝資本の越境活動は全地球を覆うようになった。

このため、すべてのことが地球規模でないと解決しえないというグローバリズム—グローバルな取り組みという意味で—をもたらしてきた。これを象徴するのが、バーチャル化し、だれもその正確な規模すら想像できない金融資本である。金融資本の動きは、情報通信技術の発達で光のスピードなみに、地球を一周する。

くどいようだが、グローバリズムは、他方で必ずローカリズムを引き寄せる。地球規模の問題の拡散—グローバリズム—は、地域経済と地域社会での具体的な取り組みを必然化させる。財政面では、グローバリズムは国家財政の悪化を引き寄せる。国民経済への景気刺激策としての財政拡大は、経済成長率以上の国債依存という自家中毒を通じて、財政破綻の可能性を確実に引き上げる。政府の財政破綻は、地方財政の破綻を先行させ、人びとの生活基盤へ多大な影響を与える。このことは、結果として人びとの地域への関与と関心を生み出し、自分たちが働き生活する地域の経済と文化とのあるべき関係を、改めて問いかける。

地域産業の空洞化＝脱工業化は、地域雇用の中心が商業やサービス業へと移りつつあることを意味してきた。とりわけ、観光業の振興—国内外の観光客数の増加—の、地元の商業やサービス業への波及効果に期待が寄せられる。その目玉として地域で文化財の掘り起こしや、再定義—観光という視点からの解釈—も行われる。一九九〇年代以降のバブルの宴に、各地で、文化政策の名の下で建設が進んだミュージアム—博物館、記念館、美術館など(*)—の維持管理は、財政悪化に苦しむ自治体にとって喫緊の課題である。あらためて、わたしたちは、地域経済と地域社会のなかでの地域文化施策のあり方を、しっかりと見据えておく必要がある。わたしたちには意識変化が必要だ。

＊地域の美術館を取り巻く問題と課題については、つぎの拙著を参照。寺岡寛『地域文化経済論—ミュージアム化される地域—』同文舘（二〇一四年）。

2

社会学では、個人の集合体が社会を形成するわけではない。ドイツの社会学者フェルディナント・テンニエース（一八五五〜一九三六）の「ゲマインシャフト」と「ゲゼルシャフト」の社会分類では、前者は特定地域の家族を基本単位として拡大した地縁・血縁の共同体社会、後者は契約関係や利害的関係が絡んだ社会であり、企業がその典型である。テンニエースが示唆したのは、近代化とは、地域と重なり合うゲマインシャフトを解体させ、ゲゼルシャフトへと転換させた過程であった、ことである。フランスの社会学者のフランソワ・デュベ（一九四六〜）は、『経験の社会学』で、テンニエース社会学の流れを踏まえ、社会をつぎのように定義する。

「いずれの場合でも（テンニエース、ウェーバー、マルクス、デュルケーム、パーソンズなどの社会学—引用者注）社会とは、全体的な存在なる近代的なやり方と同一視されており、個人を魔術化や蒙昧化すなわち共同体世界から引きはがし、まさに個人を生み出すやり方なのである。

社会を定義すること、それは社会が位置している発展段階を規定することであり、その段階は、複雑さや技術的知的合理化の程度、紛争を制度化する能力、政治的に形式化されたやり方で秩序を保証することのできる自立した個人を生み出す能力に応じて決まる。」(山下雅之・濱西栄司・森田二朗訳)

近代化政策により、地域共同体から引き離された個人とその所属する社会との関係は、対立的なものにもなれば、あるいは協調的なものにもなる。それにより社会の観念もまた変わる。デュベもこの点をよく理解している。デュベは「社会の観念は共同体に対立するだけではなく、国民国家の形成と同一視される。……社会について語ることはつねに、その歴史、国家、文化そして領土や言語等々によって建設される具体的な国家形成を指し示すことに帰着する」と説く。デュベが「社会が『リアリティ』をもつのは国民国家の形態の下でのみだという結果となる」と指摘するのも、当然である。

近代社会では、国家と社会がかなりの程度において重なり合う。近代国家=国民国家は、ある種の共通文化の下に統合された個人の集合体となりうる。だが、国家は社会との相互作用のなかで、「想像の共同体」(*)として成立するしかない。デュベは、つぎのように国家と社会との関係をとらえてみせる。

「国家は近代的なアソシエーションの形式であり、したがって国家は自閉した伝統的な共同体をなし崩しにするからだ。社会学の始祖たちの時代に国民国家とナショナリスティックな運動とは広い意味で近代主義的だった。国民国家が近代の普遍的なものと個別の文化や価値の肯定や認知とを結び合わせたのである。民主主義的であろうとなかろうと、国民国家は各文化の特殊性を進歩の普遍性の中へ導入したのである。」

*米国の政治学者ベネディクト・アンダーソン(一九三六〜二〇一五)は著書『想像の共同体』(一九八三年刊)で、共通の国民文化、とりわけ、共通言語などによって形成される国民意識=ナショナリズム=「想像の共同体」意識であると論じ

た。

つまり、個人と社会―とりわけ、地域の共同体的社会―との関係がしばしば断ち切られ、個人と国家が直接、国民文化のイデオロギーや統一教育の下に結びつくことが近代化の過程であった。そうした国民文化や統一教育の普及は、政策＝制度と深いかかわり合いをもってきた。

個人が国家と直接結びつくことで、個人と社会の関わり合い方もまた変化した。前述のデュベは社会という概念について、社会学史を振り返りつつ、「国民国家とは諸個人からなる社会で、諸制度が役割を担うからである。しかし社会という概念が二重である、つまり役割や価値のシステムであると同時に国民国家の『具体的な』現実であるのと同様に、制度の概念は二重の意味合いをもつ」として、つぎのように二重の意味合いを整理する。

（一）社会化としての制度―「国民国家内での諸個人の統合を保証し、それが行為者たちを社会化する。他方で制度は伝統な家産的国家内と区別された近代の政治システムを意味する。これは異なる諸利害を代表しそれらの間から選び取ることが可能である。」

（二）文化、制度、経済システムの統合のための近代社会の機能的統一性―「社会が真に存在するのは、個人がその表象やアスピレーションや道徳の表象を固定する一つの文化を政治制度への愛着へと結びつけることができる程度に応じてのみである。」

（一）の指摘は、近代化が推し進めた農業国家から工業国家への過程で、それまでの地縁・血縁の共同体―ゲマインシャフト―を解体させ、あらたに形成された経済関係―ゲマインシャフト―を中心に、それまでの共同体を再編成させたことによって生じた対立関係を調整するために、制度が設計されることをうまく説明している。これは日本社会の変遷をとらえるうえでも有効な視角である。

（二）の指摘もまた、調整装置＝システムとしての近代社会の機能に着目した結果である。留意すべきは、社会という概念に絶対的規定はなく、あくまでも相対的な概念であることだ。そして、「近代的」社会という観念は、つねに「進歩」という観念と親和性をもってきた。

この点について、デュベは社会学者―経済学者もそうである―の進歩史観というメンタリティに対して、さまざまな地域の民族対立や政治の混迷を念頭において、「成長や近代性の発展の落ちこぼれ」＝「発展の単なる行き詰まり」論に還元することなど出来ないと批判する。もっともな批判だ。とりわけ、「第三世界の大都市は近代化の輝きよりも社会的断裂のシンボル」であるとして、むしろ「社会の二重性は存続し強まっている」と主張する。こうした批判は、デュベたち社会学者だけに限られない。現在は、デュベも言及しているように、地球環境に関心を寄せるエコロジー思想が広まり、日本社会でもそうだが、それが経済と社会との関係を問うエコ運動＝政治運動を引き寄せてきた。

グローバリズムは、急速に「経済の国際化の加速」をさせ、国家の資本規制などの経済主権の力を著しく減じた。結果、企業―とりわけ、多国籍巨大企業―の経済活動が国家の外部に置かれ、国内型企業と脱国内企業との二元化もまた進展してきた。他方で、グローバリズムは、地球規模の環境問題への社会的関心を引き寄せざるをえなかった。そうしたなかで、国民文化もまた、地球規模で共通化する傾向と、国民国家の文化的アイデンティティが強く引き寄せられる傾向とが見られてきた。デュベも、この点をつぎのように見逃してはいない。

「国家が一定の不可侵の領土の中で市場統合をめぐって形成されるという国民経済学の概念自体が、今日では交換のグローバル化によって脅かされている。それは経済的金融的交換を国家外の空間に置く。……経済システムと国家の統一性が切り離されていく。……国民文化は統合の大きなモーターであり続けている。国民国家の国民感情と愛国心は死んではいない。」

かつて、近代化への性急な取り組みが、反近代化＝反動としての狭隘なナショナリズムを生み出した。他方で、人びとのなかに伝統文化見直しへの機運を生み、自分たちの地域への健全な関心を呼び起こした。そのことを思い浮かべれば、グローバリズムが、その反作用としての狭隘なナショナリズムという国民感情を醸成させる。同時に、国民文化と地域文化というアイデンティティを求める動きも内在させてきた。

3

現在は、間違いなく一世代前と比べて、情報通信技術の著しい発達により、地球市民という感覚が強まった。だが、現実には、人びとはそれぞれの地域で働き生活している。そうしたなかで、地域社会と地域経済との関係は、どうあるべきなのか。地域経済が、グローバルな資本の運動との連動性を強め、その影響を狭い地域を超えるかたちで著しく受けるなかで、地域社会と地域経済の乖離を埋めるものは何であるのか。

グローバル化は、「顔の見えない生産」、そして「顔の見えない消費」を一般化させてきた。顔の見えない生産は、世界最適生産を一層推し進め、自然資本の有限性や制約性に対する、わたしたちの感性を鈍くする。農産物や食品の安全・安心性は、顔の見えない場で生産されることへの不安によって重大になってきた。

他方、わたしたちは、ハイテク製品に組み込まれた多くの部品の加工・組立における安全・安心性には鈍感になりがちである。ましてや、そこに組み込まれた重金属類や化学物質が、どこでどのような環境の下で精製されているのかには無関心である。かつては、生産は消費と身近なところで行われていたが、現在は両者の間の距離は広がるばかりだ。それは、たとえば、食品のフードマイレージ(*)で示唆される。

＊食糧自給率の低下とともに、日本の食糧は、輸入に依存することになった。世界から食糧を輸入＝輸送するために大量の二酸化炭素が排出されていることが、改めて認識されるようになった。食糧の輸送に伴う二酸化炭素排出量を算出するのに、「フードマイレージ」という考え方が重視されている。これは食材・食料品の「重量」×輸送距離×排出係数で表わされる。

この点は経済学者や経営学者ではなく、環境社会学者の強い関心を呼んできた。たとえば、環境社会学者の鳥越皓之は、『環境社会学―生活者の立場から考える―』で、社会学者の作田啓一の視角、すなわち、人びとの行動基準を構成する「有用規準」、「原則規準」、「共感規準」という視角から、地域環境問題への取り組みを、つぎのように整理する。

(一)「有用規準」―「有効性(効率性)を重視する」規準
(二)「原則規準」―「価値観を重視する」規準
(三)「共感規準」―「他の生命体とのシンパシーを重視する」規準

鳥越は、この三つの規準の関係性について、いままでは、行政は地域政策において有用規準を最優先して、状況に応じて「社会に共有しているであろうと想定される価値観」＝原則規準に目配りしたものの、実際には共感規準への感度が鈍かったとして、これからの課題を、つぎのように指摘する。

「『共感規準』はいままで軽視されつづけてきた。しかし考えてみれば、共感というものは地球環境をよくしていくためにはたいへん重要なものだ。業務上『有用規準』を第一としながら『原則規準』に配慮する行政とは異なり、住民は当該地域に住んでいる〝当事者〟であって、官僚機構的な拘束をもっていないのである。そのため、この『共感規準』を強調する自由をもっている。また、自分たち住民の共通の価値観としての『原則規準』も再確認する自由をもっている。その意味からも住民の役割は大きいし、住民の感性や価値観が強く期待される。」

顔の見えない生産と消費が日常生活のなかで大きな比重を占める現在、「共感規準」は、わたしたちの地域の文化の見直しと、その再解釈なくしては容易に得られない。伝統的な価値観による社会の構成原理と、グローバリズムで象徴される市場原理主義とは、そもそも相容れないものなのか。

インド人で、英国で教鞭をとった経済学者のラダ・シンハは、「文化と経済―インドと日本におけるヒューマン・ベターメント―」で、農村社会などで濃厚であった家族主義的な考え方や伝統的な社会的結合の崩れは、インドよりも日本で経済的な成長をもたらしたものの、同時に、日本に多くの社会問題を異なるかたちでもたらすことになることを、日本にも目配りしたうえで、つぎのように指摘をしている（ケネス・ボールディング編『ヒューマン・ベターメント―生活の質へのアプローチ―』所収）。

「この三〇年間におけるインドと日本の経験は、社会の調和を犠牲にして経済的向上が達成されたことを示唆している。その状況は、爆発することはないかもしれないが、確かに潜在的には危険である。……更新することのできない資源の利用に限りがあるとすれば、西洋を基準とした経済成長が支えられるか否かは、回答されるべき重大な問題である。しかしもっと重要な問題は、諸個人及び諸国間で、より公正なゆたかさの分配に関連する。これは個人の自制（self-discipline、即ち他者に同様な富をもつことを可能にするため、一定の水準以上の富の所有を自ら否定すること）を必要とする。これが実現しなければ、社会的な調和はまさに脅かされることになる。……我々の物質的なゆたかさを支えることができるような、支えとなる社会道徳の探求がここでいう自制であり、それに対する東西の社会科学者の関心が増加することが必要である。」（嵯峨座晴夫監訳）

この指摘からすでにおよそ四半世紀以上が経過しようとしている。多くの人たちの関心は、社会科学者だけにとどまらず、持続性のある経済社会を求めて高まった。それはいまだ十分ではない。工業化一辺倒の意識は、いまでも、わたしたちの精神的な慣性力として強く働いている。

全般的工業社会の発展は、わたしたちの欲望をあらゆるかたちで市場化という力で解き放った。だが、それはどれほどのストック、とりわけ、自制の文化としてストックされてきたのだろうか。いまだにわたしたちはフロー優先の経済社会に生きている。

あとがき

「まちおこし」論の端緒は、「ふるさと創生論」が一九八〇年代後半の竹下登（一九二四〜二〇〇〇）内閣で叫ばれたころからだろう。竹下は自民党総裁選での政策構想として、「ふるさと創生」構想を掲げた。いまの若者には昔話であろうが、五〇歳代以上の世代にとっては、「一億円バラマキ政治」として記憶に残る。その後、日本経済は四年余の、いわゆるバブル経済に踊る。バブルの宴のあとに、何が残されるのか。不安と期待が入り混じった時代であった。この時期、「フロー」と「ストック」の対概念で多くの著作が登場した。そして現在、「フロー」と「ストック」の対概念で再び日本社会を振り返り、その展望を探らざるをえない。

当時、竹下内閣の政治的スローガンとして、東京への極端な一極集中を改め、「職場と生活」の均衡をはかる場として、「ふるさと」振興の必要性が語られた。地方での住宅の充実や土地対策、交通網の整備、官庁の地方移転、地域イベントの開催、自然環境の保全などが具体的な政策目標であった。竹下は全国の市町村に一律一億円を交付し、使途を各自治体の自由な発想や創意に委ねた。まずは、カネありきであった。「ふるさと創生」事業は各地域の資源を掘り起こし、それらを見直し、活用し、地域経済の活性化を期待した。知恵を絞ってふるさと創生資金を活用したところもあろうが、そうでない地域もあった。結果、国民の厳しい批判を生み、早々と翌年には廃止された。各地に記念館などミュージアムが建設された例もあるが、その後、そうした施設は地方自治体の財政難により、維持が困難になった。

本書執筆に当たっては、過疎化や高齢化、主要産業の衰退が顕著となった地域や、ふるさと創生資金によって建設された施設などを実際に訪れてみた。各地域の文化施設を回ってみて、維持・管理に苦しむ自治体の現状にも出会った。気になりながらも、それまで訪れることがなかった、官民主導、民主導、官主導の「まちおこし」が行われる各地も訪れた。こうして、現状を調査しつつ、とりわけ、「アートによるまちおこし」に熱心な地域を中心に、文化によるまちおこしが可能であるのかどうかを探ってみた。

地方の美術館を回ってみて感想をまとめたのが、前著『地域文化経済論―ミュージアム化する地域―』（同文舘）であった。本書はその続編である。今回は、美術館のほかに博物館や記念館を訪れてみた。同じ美術館も、何度か訪れた。どの施設をまわっても、企画展やコレクション展の開催の辞や作品のキャプションに、「日本人は自然を愛し、美術感覚の鋭い民族であり……」とある。いったん、眼を転じて美術館の外を見渡せば、それは遠い過去の歴史である。周囲の環境と一体化させ、環境整備を行っている施設はまれである。周りの環境から、ポツンと離れて存在する美術館の孤高の姿だけが印象に残ることも多かった。

地元の画家の作品に「自然豊かな……」とキャプションのある海岸は、いまでは、コンクリートで埋め立てられている。かつての美しい森や林が乱開発され、統一美を誇った町並みもまた、変貌している地域もあった。人の感性などはもろくはかない。美術館や博物館などで、かつてのそうした美的感覚を鑑賞するだけで、自分たちの地域でそれを実践することなど望めない。

一括りに文化資源や文化行政というが、何をもって文化というのか。それはかつての文化住宅という言葉を思い起こさせる。この言葉については、建築史に素養がある人ならわかるかもしれないが、いまの若い人にはその語感は伝わらない。文化住宅とは、元来、大正後期から昭和にかけて、大都市近郊に流行した和洋折衷住宅を指した。屋根も従来の日本瓦ではなくカラー瓦、ガス・水道が完備された台所と浴室、居間―茶の間―だけではなく、玄関わきに応接間―洋室―が設けられた。そのモデルハウスが、大正一一［一九二二］年に開催された平和記念東京博覧会(*)の文化村に展示されたことが、その後、文化住宅という言葉が流行するきっかけとなった。

＊関東大震災の前年の三月一〇日から七月三一日まで四か月余りの期間に、東京上野公園（第一会場）、不忍池（第二会場）で開催された。平和文化国家としての日本をアピールすることが目的とされた。当時の写真からは中央に尖塔―平和塔―が建てられ、いまでいうさまざまなパビリオンのほかに外国館もあった。文化村にはモデルハウス一四棟が展示された。これらの文化住宅を伝える当時の絵葉書をみると、なかには鉄筋コンクリート造りのものや和洋折衷、山小屋風のものもあった。文化村はいまの住宅展示場のようであった。

関西で育った者にとって、文化住宅とは洋風一戸建ての住宅ではなく、木造二階建ての賃貸住宅のイメージが強い。学生下宿にも文化アパートなどの名称がつけられた。筆者の世代には、このイメージもあって、何をもって文化というのか、とついつい思う。乱発された文化という言葉への素朴な疑問がいつも湧く。

文化とは、かくもあいまいなものである。もちろん、別に文化という字面に固執しなくとも、美術館などを訪れ、そこに来ている人たちや関係者、ボランティアなどの方々とのなにげない会話のなかで、その地域の文化の深さを感じたこともある。ふとしたことの中の何かが、しっかりと住む人たちに継承されることが重要ではないだろうか。

欲をいえば、そこを訪れる人たちに自分たちの地域の在り処を伝えるという意味での「文化」が継承されることが、地域の誇りと未来を切り開く。観光業振興のための文化の急ごしらえは、すぐに曲がり角を迎える。文化という言葉が、街のあちこちに無造作に貼られた、イベントの派手なポスターのなかに踊っている、そのような地域は、曲り角をすでに迎えていた。

なんでも急造して、それで完了ではない。文化とはストックであり、決してフローではない。ストックにはメンテナンスが必要である。そのためには適切なフローが毎年、住む人たちの地道で足が地についた工夫と想像力によって付け加えられることが重要である。時間が必要なのである。それには、担い手の若い人たちが必要である。若い人を地域にとどめておくには、雇用の場として主要産業が欠かせない。東京など大都市圏への人口集中は、地域の雇用力という「保水力」の低下の結果でもある。本書では、文化と産業との関係を思い浮かべながら、問題と課題をストックとフローという文脈から考えた。

とはいえ、妙案が見つかったわけでもない。時間をかけて取り組む覚悟がなければ、展望など拓けるはずはない。それは調査においても同様であり、時間が必要である。現場に実際に出かけて関係者の話をじっくり聞き、統計の数字からだけでは理解できない社会的文脈や背景を探るような調査をやってきた。わたしのような研究者にとっては、ものをまとめる時間という点では、大学は恵まれた場である。

さらに、今回、大学側の配慮で内外研究員（サバティカル）制度の利用を許され、一年間、それまで中途半端にしか訪れたことのなかった地方都市を必要に応じて訪れ、関係者の話をじっくり聞くことができた。時間を与えていただいた大学関係者や同僚諸氏に改めてお礼を申し上げたい。また、中京大学企業研究所のプロジェクトとしてもフィールド調査の予算的配慮を賜った。感謝申し上げたい。

本書は筆者の所属する中京大学経営学部の研究双書の一冊として刊行される。この面でも、多くの大学関係者にお世話になった。感謝申し上げたい。また、各地のまちおこしなどとの協働関係の構築に熱心なミュージアム、とりわけ、公立文化施設の運営管理者や学芸員の方々にもお世話になった。信山社の渡辺左近氏には細々した編集作業でお世話になった。感謝申しあげたい。

二〇一七年一〇月

寺岡　寛

参考文献

日本語文献

【あ行】

饗庭伸・小泉瑛一・山崎亮『まちづくりの仕事ガイドブック―まちの未来をつくる六三の働き方―』学芸出版社、二〇一六年
アイスラー、リーアン（中少路佳代子訳）『ゼロから考える経済学―未来のために考えておきたいこと―』英治出版、二〇〇九年
間場寿一編『地方文化の社会学』世界思想社、一九九八年
青木豊・鷹野光行編『地域を活かす遺跡と博物館―遺跡博物館のいま―』同成社、二〇一五年
秋元雄史『日本列島「現代アート」を旅する』小学館、二〇一五年
アーケードアーツの会編『商店街と現代アート―大津中町の試み―』東方出版、一九九九年
アトキンソン、デービッド『イギリス人アナリスト　日本の国宝を守る』講談社、二〇一四年
新雅史『商店街はなぜ滅びるのか―社会・政治・経済史から探る再生の道―』光文社、二〇一二年
有馬学・ピアソン、マイケル・福本寛・田中直樹・菊畑茂九馬編『山本作兵衛と日本の近代』弦書房、二〇一四年
安渓遊地・宮本常一『調査されるという迷惑―フィールドに出る前に読んでおく本―』みずのわ出版、二〇〇八年
飯沢耕太郎『写真美術館へようこそ』講談社、一九九六年
猪谷千香『町の未来をこの手でつくる―志波町オガールプロジェクト―』幻冬舎、二〇一六年
五十嵐太郎・山崎亮編『三・一一以後の建築・社会と建築家の新しい関係』学芸出版社、二〇一四年

井口貢・松本茂章・古池嘉和・徳永高志『地域の自律的蘇生と文化政策の役割―教育から協育、「まちづくり」から「まちつむぎ」へ―』学文社、二〇一二年
井田徹治『有害化学物質の話―農薬からプラスチックまで―』PHP研究所、二〇一三年
市川健夫『信州学テキスト―「日本の屋根」の風土と文化―』第一企画、二〇一二年
井手英策編『日本財政の現代史（一）』有斐閣、二〇一四年
今野綾花・川崎昌平・山口大介『キュレーションの現在―アートが「世界」を問い直す―』フィルムアート社、二〇一五年
宇沢弘文『社会的共通資本』岩波書店、二〇〇〇年
宇野重規・五百旗頭薫編『ローカルからの再出発―日本と福井のガバナンス―』有斐閣、二〇一五年
枝廣淳子『レジリエンスとは何か―何があっても折れないこころ、暮らし、地域、社会をつくる―』東洋経済新報社、二〇一五年
エルゲラ、パブロ（アート&ソサイエティ研究センターSEA研究会訳）『ソーシャリー・エンゲイジド・アート入門―アートが社会と深く関わるための一〇ポイント―』フィルムアート社、二〇一五年
エーレンライク、バーバラ（中村桂子訳）『われらの生涯の最悪の年』晶文社、一九九二年
同（中江桂子訳）『「中流」という階級』晶文社、一九九五年
同（曽田和子訳）『ニッケル・アンド・ダイム―アメリカ下流社会の現実―』東洋経済新報社、二〇〇六年
同（中島由華訳）『ポジティブ病の国、アメリカ』河出書房新社、二〇一〇年
大江正章『地域の力―食・農・まちづくり―』岩波書店、二〇〇八年
太田泰人・水沢勉・渡辺真理・松岡智子編『新版・美術館は生まれ変わる―二一世紀の現代美術館―』鹿島出版会、二〇〇八年

大野左紀子『アーティスト症候群―アートと職人、クリエイターと芸能人―』河出書房新社、二〇一一年
同『アート・ヒストリー―なんでもかんでもアートな国・ニッポン―』河出書房新社、二〇一二年
大室悦賀・大阪NPOセンター編『ソーシャル・ビジネス―地域の課題をビジネスで解決する―』中央経済社、二〇一一年
岡本雅美監修・寺西俊一・井上真・山下英俊編『自立と連携の農村再生論』東京大学出版会、二〇一四年
奥田憲昭『現代地方都市論―海橋のまち坂出市と住民生活―』恒星社厚生閣、一九八九年
小島希世子『ホームレス農園・命をつなぐ「農」を作る！若き女性起業家の挑戦―』河出書房新社、二〇一四年
織田直文編『文化政策と臨地まちづくり』水曜社、二〇〇九年
小長谷一之『都市経済再生のまちづくり』古今書院、二〇〇五年
小布施町教育委員会編『北斎を小布施につれてきた男　高井鴻山』小布施町教育委員会、一九九一年

【か行】
垣内恵美子編『文化財の価値を評価する―景観・観光・まちづくり―』水曜社、二〇一一年
柏雅之『条件不利地域再生の論理と政策』農林統計協会、二〇〇二年
カーソン、レイチェル（青樹簗一訳）『沈黙の春』新潮社、一九七四年
同（上遠恵子訳・森本大二郎写真）『センス・オブ・ワンダー』新潮社、一九九六年
神奈川県立近代美術館学芸課編『開館四〇周年記念　四〇年の歩み展一九五一―一九九一』神奈川県立美術館、一九九一年
同『鎌倉からはじまった―「神奈川県立近代美術館鎌倉」の六五年―』神奈川県立近代美術館、二〇一六年
鎌田忠良『棄民化の現在』大和書房、一九七五年
鎌田亨『栗谷川健一―北海道をデザインした男―』北海道新聞社、二〇一二年

上遠恵子『Rachel Carson―その生涯―』レイチェル・カーソン女史生誕八〇年記念事業推進委員会、一九八七年
川越市立博物館編『市制施行八〇年―資料でたどる川越市の歩み―』川越市立博物館、二〇〇二年
同『常設展示図録』川越市立博物館、二〇一三年
川崎一泰『官民連携の地域再生―民間投資が地域を復活させる―』勁草書房、二〇一三年
河宮信郎・青木秀和『公共政策の倫理学』丸善、二〇〇二年
菊畑茂久馬『絵かきが語る近代美術―高橋由一からフジタまで―』弦書房、二〇〇三年
岸田國士『岸田國士全集』第二五巻　岩波書店、一九九一年
北川修二『産業・地域づくりと地域政策』大学教育出版、二〇〇九年
北川フラム『芸術は地域をひらく―大地の芸術祭一〇の思想―』現代企画室、二〇一四年
同・大地の芸術祭実行委員会『公式ガイドブック・大地の芸術祭―越後妻有アートトリエンナーレ二〇一五年―』現代企画室、二〇一五年
同『ひらく美術―地域と人間のつながりを取り戻す―』筑摩書房、二〇一五年
木下直之『世の途中から隠されていること―近代日本の記憶―』晶文社、二〇〇二年
同編『芸術の生まれる場』東信堂、二〇〇九年
木下斉『稼ぐまちが地方を変える―誰も言わなかった一〇の鉄則―』ＮＨＫ出版、二〇一五年
同『地方創生大全』東洋経済新報社、二〇一六年
吉川美貴『町家と人形さまの町おこし―地域活性化の秘訣―』（増補版）学芸出版社、二〇一二年
橘川武郎・連合総合生活開発研究所編『地域からの経済再生―産業集積・イノベーション・雇用創出―』有斐閣、二〇〇五年
草薙奈津子『美術館へ行こう』岩波書店、二〇一三年

久世公堯『地方都市論―地方の時代の都市振興戦略―』ぎょうせい、一九八三年
窪島誠一郎・松本猛『ホンネ対談〈ふるさと〉ってなに?』新日本出版社、二〇一五年
久保幹・新川英典・竹口昌之・蓮実文彦『バイオ・テクノロジー―基礎原理から工業生産の実際まで―』(第二版)大学教育出版、二〇一三年
同・森崎久雄・久保田謙三・今中忠行『環境微生物学―地球環境を守る微生物の役割と応用―』化学同人、二〇一二年
熊倉純子監修『アート・プロジェクト―芸術と協創する社会―』水曜社、二〇一四年
クマール、サティッシュ(尾関修・尾関沢人訳)『君あり、故に我あり―依存の宣言―』講談社、二〇〇五年
暮沢剛巳『美術館の政治学』青弓社、二〇〇七年
経済産業省産業政策局産業再生課編『新産業構造ビジョン―第四次産業革命をリードする日本の戦略―』一般財団法人経済産業調査会、二〇一六年
ケインズ、ジョン・メイナード(山岡洋一訳)『ケインズ説得論集』日本経済新聞社、二〇一〇年
神門義久『日本の食と農―危機の本質―』NTT出版、二〇〇六年
辛島祥夫『バランスシートによる日本経済分析―「フロー経済」から「ストック経済」へ―』(改訂版)シーエーピー出版、二〇〇八年
神戸市博物館編『神戸ゆかりの芸術家たち―神戸市所蔵作品より―』二〇〇七年
コーエン、タイラー(石垣尚志訳)『アメリカはアートをどのようにして支援してきたのか―芸術文化支援の創造的成功―』ミネルヴァ書房、二〇一三年
伍賀一道『「非正規大国」日本の雇用と労働』新日本出版社、二〇一四年
後藤和子編『文化政策学―法・経済・マネジメント―』有斐閣、二〇〇一年

同『文化と都市の公共政策―創造的産業と新しい都市政策の構想―』有斐閣、二〇〇五年
同『クリエイティブ産業の経済学―契約、著作権、税制のインセンティブ設計―』有斐閣、二〇一三年
小西砂千夫編『日本財政の現代史（三）』有斐閣、二〇一四年
小林進『コミュニティアートマネジメント―いかに地域文化を創造するか―』中央法規、一九九八年
小山登美夫『現代アートビジネス』アスキー・メディアワークス、二〇〇八年

【さ行】

酒井一光『窓から読みとく近代建築』学芸出版社、二〇〇六年
酒井忠康監修『美術館と建築』青幻社、二〇一三年
坂口安吾『坂口安吾全集』第四巻　筑摩書房、一九九八年
笹本正治『地域おこしと文化財』ほおずき書籍、二〇〇四年
G8社会的インパクト投資タスクフォース国内諮問委員会『社会的インパクト投資の拡大に向けた提言書』
公益財団法人日本財団、二〇一五年
志賀信夫・畠中亨編『地方都市から子どもの貧困をなくす―市民・行政の今とこれから―』旬報社、二〇一六年
時事通信社編『全論点人口急減と自治体消滅』時事通信社、二〇一五年
清水次『リノベーションまちづくり―不動産事業でまちを再生する方法―』学芸出版社、二〇一四年
清水義晴・小山直『変革は弱いところ、小さいところ、遠いところから』太郎次郎エディタス、二〇〇二年
紫牟田伸子・フィルムアート社編『日本のシビックエコノミー―私たちが小さな経済を生み出す方法―』
フィルムアート社、二〇一六年
下平尾勲『構造計画下の地域振興―まちおこしと地場産業―』藤原書店、二〇〇一年
シューマン、マイケル（毛受敏浩監訳）『スモールマート革命―持続可能な地域経済活性化への挑戦―』

明石書店、二〇一三年
ジョージェスク-レーゲン、ニコラス（高橋正立・神里公等訳）『エントロピー法則と経済過程』、みすず書房、一九九三年
白井道也『明日の地方都市―手早く安上がりに快適な町をつくる方法―』メディア・ポート、二〇〇八年
白川昌生『美術館・動物園・精神科施設』水声社、二〇一〇年
辛美沙『アートインダストリー―究極のコモディティーを求めて―』美学出版、二〇〇八年
吹田良平『グリーンネイバーフッド―米国ポートランドにみる環境先進都市のつくりかたとつかいかた―』繊研新聞社、二〇一〇年
スキデルスキー、ロバート、エドワード（村井章子訳）『じゅうぶん豊かで、貧しい社会―理念なき資本主義の末路―』筑摩書房、二〇一四年
杉本大一郎『エントロピー入門―地球・情報・社会への適用―』中央公論社、一九八五年
杉山裕子・山口恵子『地方都市とローカリティ―弘前・仕事・近代化―』弘前大学出版会、二〇一六年
須坂版画美術館編『須坂版画美術館（開館記念）』須坂版画美術館、一九九一年
鈴木歌治郎編『美術館』（『建築計画・設計シリーズ一八』）市ケ谷出版社、一九九七年
鈴木浩・山口幹幸・川崎直宏・中川智之編『地域再生―人口減少時代の地域まちづくり―』日本評論社、二〇一三年
鈴木美和子『文化資本としてのデザイン活動―ラテンアメリカ諸国の新潮流―』水曜社、二〇一三年
スロスビー、デイヴィッド（中谷武雄・後藤和子監訳）『文化経済学―創造性の探求から都市再生まで―』日本経済新聞出版社、二〇〇二年
セネット、リチャード（森田典正訳）『不安な経済／漂流する個人―新しい資本主義の労働・消費文化―』大月書店、二〇〇八年

ゼロゼロ（石黒薫訳）『シビックエコノミー―世界に学ぶ小さな経済のつくり方―』フィルムアート社、二〇一四年
全国美術館会議編『全国美術館ガイド』美術出版社、二〇〇六年

【た行】

高橋源一郎・辻信一『弱さの思想―たそがれを抱きしめる―』大月書店、二〇一四年
武田竜弥編『日本全国産業博物館めぐり―地域の感性を伝える場所―』ＰＨＰ研究所、二〇〇八年
建物のコンバージョンによる都市空間有効活用技術研究会編『コンバージョンが都市を再生する、地域を変える―海外の実績と日本での可能性―』日刊建設通信新聞社、二〇〇四年
谷口正次『自然資本経営のすすめ』東洋経済新報社、二〇一四年
（財）田中本家博物館編『豪商の舘―信州須坂・田中本家』（財）田中本家博物館、一九九四年
ターナー、ピアス、ベイトマン（大沼あゆみ訳）『環境経済学入門』東洋経済新報社、二〇〇一年
玉村雅敏編『地域を変えるミュージアム―未来を育む場のデザイン―』英治出版、二〇一三年
民岡順朗『東京レスタウロ―歴史を活かす建築再生―』ソフトバンククリエイティブ、二〇一二年
田村明『まちづくりと景観』岩波書店、二〇〇五年
田村秀『暴走する地方自治』筑摩書房、二〇一二年
塚原正彦・アンダーソン、デヴィッド（土井利彦訳）『ミュージアム国富論―英国に学ぶ「知」の産業革命―』日本地域社会研究所、二〇〇〇年
辻信一『スロー・イズ・ビューティフル―遅さとしての文化―』平凡社、二〇〇四年
同監修『ハチドリのひとしずく―いま、私にできること―』光文社、二〇〇五年
同『英国シューマッハー校　サティッシュ先生の最高の人生をつくる授業』講談社、二〇一三年
辻村明『地方都市の風格―歴史社会学の試み―』東京創元社、二〇〇一年

槌田敦『弱者のための「エントロピー経済学」入門』ほたる出版、二〇〇七年
デイリー、ハーマン（新田功・蔵元忍・大森正之訳）『持続可能な発展の経済学』みすず書房、二〇〇五年
同・ファーレイ、ジョシュア（佐藤正弘訳）『エコロジー経済学―原理と応用―』ＮＴＴ出版、二〇一四年
同・枝廣淳子『「定常経済」は可能だ』岩波書店、二〇一四年
寺谷篤志・平塚伸治・鹿野和彦編『「地方創生」から「地域経営」へ―まちづくりに求められる思考のデザイン―』仕事と暮らしの研究所、二〇一五年
テンニエース、フェルディナント（杉之原寿一訳）『ゲマインシャフトとゲゼルシャフト―純粋社会学の概念―』（上・下）岩波書店、一九五七年
東洋経済新報社編『都市データパック二〇一五年版』東洋経済新報社、二〇一五年
同『地域経済総覧二〇一六』東洋経済新報社、二〇一六年
トッテン、ビル『「年収六割でも週休四日」という生き方』小学館、二〇〇九年
十名直喜編『地域創生の産業システム―もの・ひと・まちづくり―』水曜社、二〇一五年
鳥越皓之『環境社会学―生活者の立場から考える―』東京大学出版会、二〇〇四年

【な行】

内閣府政策統括官編『地域の経済』メディアランド、二〇一五年
中井正一『論理とその実践―組織論から図書館像へ―』てんびん社、一九七二年
中野茂夫『企業城下町の都市計画―野田・倉敷・日立の企業戦略―』筑波大学出版会、二〇〇九年
中村浩・青木豊『観光資源としての博物館』芙蓉書房出版、二〇一六年
中村政人監修・アートＮＰＯゼロダテ編『大館・北秋田芸術祭二〇一四年「里に犬、山に熊」』特定非営利活動法人アートＮＰＯゼロダテ、二〇一五年

中村良平『まちづくり構造改革―地域経済構造をデザインする―』日本加除出版株式会社、二〇一四年
西田安慶・片上洋編『地域産業の経営戦略―地域再生ビジョン―』税務経理協会、二〇一六年
西村佳哲『自分の仕事をつくる』筑摩書房、二〇〇九年
日本地域資源学会監修『地域文化資本の時代―フローからストックの社会へ―』地域経営研究所、二〇〇六年
野口悠紀雄『ストック経済を考える―豊かな社会へのシナリオ―』中央公論社、一九九一年
野田邦弘『文化政策の展開―アーツ・マネジメントと創造都市―』学芸出版社、二〇一四年
ノバーク＝ホッジ、ヘレナ・辻信一『いよいよローカルの時代―ヘレナさんの「幸せの経済学」―』大月書店、二〇〇九年
野見山暁治・窪島誠一郎『無言館はなぜつくられたのか』かもがわ出版、二〇一〇年

【は行】

橋本啓子『水と土地の新潟―泥に沈んだ美術館―』アミックス、二〇一二年
橋本敏子『地域の力とアートエネルギー』学陽書房、一九九七年
濱口桂一郎『新しい労働社会―雇用システムの再構築へ―』岩波書店、二〇〇九年
林容子『進化するアートマネージメント』レイライン、二〇〇四年
ピアス・マーカンジャ・バービア（和田憲昌訳）『新しい環境経済学―持続可能な発展の理論―』ダイヤモンド社、一九九四年
東浩紀・大山顕『ショッピングモールから考える―ユートピア・バックヤード・未来都市―』幻冬舎、二〇一六年
日端康雄『都市計画の世界史』講談社、二〇〇八年
平岡和久・自治体問題研究所編『新しい時代の地方自治像と財政―内発的発展の地方財政論―』自治体研究社、二〇一四年

広井良典『定常型社会―新しい「豊かさ」の構想―』岩波書店、二〇〇一年
フィルムアート社編『現代アートの本当の見方―「見ること」が武器になる―』フィルアート社、二〇一四年
同『現代アートの本当の学び方』フィルアート社、二〇一四年
福井建策・吉見俊哉監修『アーカイブ立国宣言』ポット出版、二〇一四年
福井康貴『歴史のなかの大卒労働市場―就職・採用の経済社会学―』勁草書房、二〇一六年
福岡正信『自然農法　わら一本の革命』春秋社、一九八三年
福原義春・文化資本研究会『文化資本の経営―これからの時代、企業と経営者がかんがえなければならないこと―』ダイヤモンド社、一九九九年
福山歴史産業観光研究会編『鞆に見る歴史のロマン―鞆の歴史観光トレイル―』（社）福山観光協会、二〇〇八年
同『福山城に見る歴史のロマン―福山城の歴史観光トレイル―』（社）福山観光協会、二〇一〇年
同『両備軽便鉄道に見る歴史のロマン―神辺・駅家・新市の歴史観光トレイル―』（社）福山観光協会、二〇一三年
藤井誠一郎『住民参加の現場と理論―鞆の浦、景観の未来―』公人社、二〇一三年
藤田直哉編『地域アート―美学・制度・日本―』堀之内出版、二〇一六年
藤田令伊『芸術がわからなくても美術館がすごく楽しくなる本―知識がなくてもできる教養の磨き方―』秀和システム、二〇一五年
藤波巧『地方都市再生論―暮らし続けるために―』日本経済新聞出版社、二〇一〇年
藤野一夫編『公共文化施設の公共性―運営・連携・哲学―』水曜社、二〇一一年
藤森照信・増田彰久（写真）『失われた近代建築（一）都市施設編』講談社、二〇〇九年
フロム、エーリッヒ（日高六郎訳）『自由からの逃走』東京創元社、一九五一年

碧南市・碧南市教育委員会編『藤井達吉のいた大正―大正の息吹を体現したフュウザン会と前衛の芸術家たち―』碧南市藤井達吉美術館、二〇〇八年
ベック、ウルリッヒ・鈴木宗徳・伊藤美登里編『リスク化する日本社会―ウルリッヒ・ビックとの対話―』岩波書店、二〇一一年
ベニュス、ジャニン（山本良一監訳・吉野美耶子訳）『自然と生体に学ぶバイオミミクリー』オーム社、二〇〇六年
ヘンダーソン、ヘイゼル（田中幸夫・土井利彦訳）『エントロピーの経済学―もうひとつの未来を語る―』ダイヤモンド社、一九八三年
ボイル、マーク（吉田奈緒子訳）『ぼくはお金を使わずに生きることにした』紀伊国屋書店、二〇一一年
ホーケン、ポール（阪本啓一訳）『祝福を受けた不安―サステナビリティ革命の可能性―』バジリコ、二〇〇九年
ボードリヤール、ジャン（今村仁司・塚原史訳）『消費社会の神話と構造』（新装版）紀伊国屋書店、二〇一五年
ポラニー（ポランニー）、カール（野口建彦・栖原学訳）『大転換―市場社会の形成と崩壊―』東洋経済新報社、二〇〇九年
ポランニー（ポラニー）、カール（若森みどり・植村邦彦・若森章孝編訳）『市場社会と人間の自由―社会哲学論選―』大月書店、二〇一二年
同（猪木武徳・望月昭彦・上山隆大訳）『社会進化の経済学』HBJ出版局、一九八七年
同（藤田洋三訳）『歴史はいかに書かれるべきか』講談社、一九七九年
同（長尾史郎訳）『地域社会はどこへ行く』（上・下）講談社、一九八〇年
同（嵯峨座治夫監訳・高岡優子・小幡正敏・木下英司・藤井達也・海野和之訳）『ヒューマン・ベターンメントの経済学―生活の質へのアプローチ―』勁草書房、一九八九年
ポンディング、クライブ（石弘之・京都大学環境史研究会訳）『緑の世界史』（上・下）朝日新聞社、一九九四年

【ま行】
マクダナー、ウィリアム・ブラウンガート、マイケル（岡山慶子・吉村英子監訳、山本聡・山崎正人訳）『サステイナブルなものづくり―ゆりかごからゆりかごへ―』人間と歴史社、二〇〇九年
松井みどり『アート―〝芸術〟が終わった後の〝アート〟―』朝日出版社、二〇〇二年
松尾雅彦『スマート・テロワール―農村消滅論からの大転換―』学芸出版社、二〇一四年
松尾豊『パブリックアートの展開と到達点』水曜社、二〇一五年
マッキンベン、ビル（大槻敦子訳）『ディープ・エコノミー―生命を育む経済へ―』英治出版、二〇〇八年
松永桂子『ローカル志向の時代―働き方、産業、経済を考えるヒント―』光文社、二〇一五年
松村秀一編『建築再生の進め方―ストック時代の建築学入門―』市ヶ谷出版、二〇〇七年
松本猛『ぼくが安曇野ちひろ美術館をつくったわけ』講談社、二〇〇二年
松本茂章『日本の文化施設を歩く―官民協働のまちづくり―』水曜社、二〇一五年
真渕勝『風格の地方都市』慈学社出版、二〇一五年
マンフォード、ルイス（生田勉訳）『都市の文化』鹿島出版会、一九七四年
三浦典子『企業の社会的貢献と現代アートのまちづくり』淡水社、二〇〇〇年
水と土の芸術祭二〇一五年実行委員会編『水と土の芸術祭―Water and Land Niigata Art Festival 2015―』水と土の実行委員会、二〇一五年
三潴末雄『アートにとって価値とは何か』幻冬舎、二〇一四年
三井物産業務部「ニューふぁ～む21」チーム編『「町おこし」の経営学―官と民の新たな関係―』東洋経済新報社、二〇〇〇年
溝口禎三『文化によるまちづくりで赤字が消えた―都市再生豊島区編―』めるくまーる、二〇一一年

三宅拓也『近代日本〈陳列所〉研究』思文閣出版、二〇一五年
三宅理一『負の遺産で街がよみがえる―縮小都市のクリエーティブ戦略―』学芸出版社、二〇〇九年
宮本常一『宮本常一著作集』未来社、一九六七年～一九七三年
同『民衆文化と造形』未来社、二〇〇三年
同『日本文化の形成』講談社、二〇〇五年
同『山に生きる人びと』河出書房新社、二〇一一年
同『宮本常一座談録　生活と文化』八坂書房、二〇一五年
宮本百合子『宮本百合子全集』第一二巻・第一六巻　新日本出版社、一九八〇年
村田麻里子『思想としてのミュージアム―ものと空間のメディア論―』人文書院、二〇一四年
モレッティ、エンリコ（池村千秋訳）『年収は「住むところ」で決まる』プレジデント社、二〇一四年
諸岡博熊『ミュージアムマネジメント―産業文化施設の運営―』創元社、一九九三年
諸富徹編『日本財政の現代史（二）』有斐閣、二〇一四年
モンゴメリー、ディビッド（片岡夏実訳）『土の文明史―ローマ帝国、マヤ文明を滅ぼし、米国、中国を衰退させる土の話―』築地書館、二〇一〇年

【や行】

安田信之助編『地域発展の経済政策』創成社、二〇一二年
矢野暢『フローの文明・ストックの文明』ＰＨＰ研究所、一九八八年
薮野祐三『先進社会のイデオロギー―ソシオ・ポリティックスの冒険―』法律文化社、一九八六年
同『ローカル・デモクラシー（Ⅰ）―分権という政治的仕掛け―』法律文化社、二〇〇五年
同『ローカル・デモクラシー（Ⅱ）―公共という政治的仕組み―』法律文化社、二〇〇五年

山北一司『浜松市の合併と文化政策―地域文化の継承と創造―』水曜社、二〇一二年
山崎満広『ポートランド―世界で一番住みたい街をつくる―』学芸出版社、二〇一六年
山下柚美『客はアートでやって来る』東洋経済新報社、二〇〇八年
山田彊一『名古屋力―名古屋戦後美術活動史―』ワイズ出版、二〇〇七年
山本哲士『文化資本論―超企業・超制度革命にむけて―』新曜社、一九九九年
山本豊津『アートは資本主義の行方を予言する―画商が語る戦後七〇年の美術潮流―』PHP研究所、二〇一五年
ユーエン、スチュアート（平野秀秋・中江桂子訳）『浪費の政治学―商品としてのスタイル―』晶文堂、一九九〇年
吉荒夕記『美術館とナショナル・アイデンティティー』玉川出版部、二〇一四年
吉田浩一郎『クラウドソーシングでビジネスはこう変わる』ダイヤモンド社、二〇一四年

【ら行】

ライソン、トーマス（北野収訳）『シビック・アグリカルチャー食と農を地域にとりもどす―』農林統計出版、二〇一二年
ラスキン、ジョン（西本正美訳）『芸術経済論』岩波書店、一九三九年
リフキン、ジェレミー（柴田裕之訳）『限界費用ゼロ社会―〈モノのインターネット〉と共有型経済の台頭―』NHK出版、二〇一五年

【わ行】

渡邊明義編『地域と文化財―ボランティア活動と文化財保護―』勉誠出版、二〇一三年

外国語文献

Kerr. Keith, *Postmodern Cowboy : C. Wright Mills and A New 21-st Century Sociology*, Paradigm, Publisher, 2009

Lewis, Michael, Conaty, Pat, *The Resilience Imperatives : Cooperative Transitions to A Steady–State Economy, New Society*, Publishers, 2012

Mills, Kathryn and Pamela, Mills, *C. Wright Mills : Letters and Autobiographical Writings*, University of California Press, 2000.

Shuman, H. Michael, *The Small-Mart Revolution : How Local Businesses Are Beating The Global Competition*, Berrett-Koehler, Publishing Inc., 2006. –, *The Local Economy Solution : How Innovative, Self-Financing "Pollinator" Enterprises Can Grow Jobs and Prosperity*, Chelsea Green Publishing, 2015.

Wicks, Judy, *Good Morning, Beautiful Business : the Unexpected Journey of An Activist Entrepreneurs and Local Economy Pioneer*, Chelsea Green Publishing, 2013.

【著者紹介】

寺岡　寛（てらおか・ひろし）

1951年神戸市生まれ
中京大学経営学部教授，経済学博士（京都大学）

〈主著〉

『アメリカの中小企業政策』（信山社，1990年），『アメリカ中小企業論』（信山社，1994年，増補版，1997年），『中小企業論』（共著）（八千代出版，1996年），『日本の中小企業政策』（有斐閣，1997年），『日本型中小企業』（信山社，1998年），『日本経済の歩みとかたち』（信山社，1999年），『中小企業政策の日本的構図』（有斐閣，2000年），『中小企業と政策構想』（信山社，2001年），『日本の政策構想』（信山社，2002年），『中小企業の社会学』（信山社，2002年），『スモールビジネスの経営学』（信山社，2003年），『中小企業政策論』（信山社，2003年），『企業と政策』（共著）（ミネルヴァ書房，2003年），『アメリカ経済論』（共著）（ミネルヴァ書房，2004年），『通史・日本経済学』（信山社，2004年），『中小企業の政策学』（信山社，2005年），『比較経済社会学』（信山社，2006年），『スモールビジネスの技術学』（信山社，2007年），『起業教育論』（信山社，2007年），『逆説の経営学』（税務経理協会，2007年），『資本と時間』（信山社，2007年），『経営学の逆説』（税務経理協会，2008年），『近代日本の自画像』（信山社，2009年），『学歴の経済社会学』（信山社，2009年），『指導者論』（税務経理協会，2010年），『アジアと日本』（信山社，2010年），『アレンタウン物語』（税務経理協会，2010年），『市場経済の多様化と経営学』（共著）（ミネルヴァ書房，2010年），『イノベーションの経済社会学』（税務経理協会，2011年），『巨大組織の寿命』（信山社，2011年），『タワーの時代』（信山社，2011年），『経営学講義』（税務経理協会，2012年），『瀬戸内造船業の攻防史』（信山社，2012年），『田中角栄の政策思想』（信山社，2014年），『地域文化経済論』（同文舘，2014年），『恐慌型経済の時代』（信山社，2014年），『福島後の日本経済論』（同文舘，2015年），『強者論と弱者論』（信山社，2015年），『地域経済社会学』（同文舘，2016年），『社歌の研究』（同文舘，2017年）

文化ストック経済論―フロー文化からの転換―

2017年（平成29年）11月30日　第１版第１刷発行

著　者　寺　岡　　寛
　　　　今　井　　貴
発行者　渡　辺　左　近
発行所　信山社出版株式会社

〒113-0033　東京都文京区本郷6-2-9-102
電　話　03（3818）1019
ＦＡＸ　03（3818）0344

Printed in Japan

印刷・製本／亜細亜印刷・日進堂

ISBN978-4-7972-2769-7　C3333

事項索引

【あ】

Iターン(よそ者) 99
愛知県美術館 192
あいちトリエンナーレ 157, 159
アイデンティティ 33、 88, 97, 111, 206
アウトサイダー・アート 154
青井記念美術館 171
アーカイブ 5
アーカイブ立国宣言 5
アグリツーリズム 107, 108, 109, 160
アグリビジネス企業 80
アーケード 42
アーツ・マネジメント 138
アーティスト 28, 30, 32, 166, 185
アート 29, 126, 148, 160, 184
アート一品性 188
アート・インダストリー 186
アート官公需創出 186
アート・ギャラリー 148
アート集客効果 186
アート振興 32
アート・ツーリズム 159, 160
アートによるまちおこし(まちづくり) 117, 164, 211
アートマーケット 116, 117
アートプロジェクト 30, 157, 158, 166
アメリカ化 178
アメリカ型集約農業 78
歩いて暮らせるまちづくりモデル地区 189
アール・ブリュット作品 153
安野光政美術館 174
一宮市立三岸節子記念美術館 196
一県一美術館運動 116
一体感的組織文化 179
出光美術館 149, 155
稲作文化 33
イノベーション 23, 26, 62
イベント 126, 138, 158, 160, 165
入江泰吉記念奈良市写真美術館 190
インフラストラクチャー 23
インフレーション 47
移り気な消費者 111
埋め込み論 79, 198
AI(人工知能) 178
映像アーカイブス 33
エコ運動(政治運動) 205
エコツアー(グリーンツーリズム) 103
エコロジー 145, 205
エコロジカル・アート 52
エコロジー・ファッション 52
エコロジカル・マーケティング 52
エネルギー多消費型 103
江戸の風情が残る地区 41
演劇祭 14
エントロピー 59, 73, 75, 94, 96
エントロピー国家論 73
近江八幡市(滋賀県) 154
大倉集古館 149
大原美術館 149
汚染物質 61, 74
遅さとしての文化 103
小布施町 6

オープンミュージアム　157
終わりなき競争　19, 20
音楽祭　14

【か】

ガイドブック　122
外部不経済論　74
顔の見えない消費　206
顔の見えない生産　206
顔の見える農業　78
香川県立東山魁夷せとうち美術館　190
貸付資金説(資金需給説)　50
過疎化対策　26
神奈川県立近代美術館　112, 149
金沢21世紀美術館　155
貨　幣　50
貨幣数量説　49
鎌倉アカデミア　102
鎌倉市(神奈川県)　101
鎌倉八幡宮　114
鎌倉武士　103
鎌倉文化　108
川上澄生美術館　174
川越市(埼玉県)　37
川崎市市民ミュージアム　162
環境経済学　51
環境重視の経済学　79
環境保護運動　53
観　光　105
観光業　66, 82, 104, 106, 138, 165, 170, 201, 212
観光文化都市　42
観光保護主義　54
ガンジー経済学　25
記憶遺産　13
機械化・自動化　16
擬似マーケット　116
技術革新の時代　178
技術楽観主義　53
擬似歴史的建造物　84
基礎自治体　85
気づき運動　68
記念物　12
ギャラリスト　185
供給経済　92
行政効率　92
共感規準　207, 208
強者の論理　62
京都工芸繊維大学美術工芸資料館　170
京都国際マンガ・アニメフェア　168
京都国際マンガミュージアム　156, 167
京都精華大学　156, 167
京都造形芸術大学　167
脅迫システム(政治システム)　147
銀行利子率　50
近代化　202, 206
近代国家(国民国家)　203
近代的な社会　63, 205
近代美術館　114, 116
金融資産　47, 48
金融資本　201
金融取引　49
クアドリナーレ　27
空洞化(脱工業化)　18, 78, 165, 178, 184, 201
公家文化(古都京都)　102
クラウド・ソーシング　97, 143
蔵屋敷街　38
グリーン・マーケティング　52
黒壁プロジェクト　45

グローバル化　80, 100
グローバル文化　181
グローバリズム　97, 146, 176, 178, 201, 206, 208
軍需生産体制　130
景観　12, 66, 82, 84, 86
景観保護運動　65
経済学　18
経済決定論　200
経済原則　76
経済システム　75, 99
経済成長　16, 22, 72, 108
経済成長文化　21
経済成長モデル　21
経済大国　109
経済波及効果　29
ゲゼルシャフト　202
ゲマインシャフト　202
現実成長率　21
顕示的消費　144, 187
原則規準　207
現代アート　32, 149, 184
現代美術館　189
減　反　27
高エントロピー　60
公害問題　53
交換システム(経済システム)　147
公共芸術祭　158
公共交通再評価　98
工芸運動　191
広告業　20, 143
高度経済成長　2, 41, 66, 120, 188
幸福(の)経済学　19
効用重視の経済学　18
公立美術館　113, 114, 150, 161, 163, 186
国民経済　91, 92
国民所得勘定(計算)　48
国民貸借対照表　48
国民文化(精神運動)　127
国連教育科学文化機関(ユネスコ)　12
五島美術館　149
コモンズ　98
コレクションのない美術館　114
コンセプチュアル・アート　52
コンテンツ産業　169
コンテンツ産業振興策　167

【さ】

祭　事　15, 110
再生可能な資源　61
再生不可能な資源　61
財政破綻(悪化)　164, 201
再生利用が可能なエネルギー　73
財務諸表論(会計学)　48
札幌大通地下ギャラリー　156
札幌オリンピック　134
サービス経済　3
産業クラスター政策　92
ジェイコブス地域論　92
市街地建築物法　40
自給自足経済　50
事業中心主義　40
自主的な規制　74
市場化　209
市場経済　26
市場原理　197, 208
自然遺産　12
自然エネルギー　17
自然環境　24
自然資本　58, 64, 72, 74, 96, 97, 206

自然成長率　21
自然的空間範囲　9
持続可能性　76
持続可能である経済システム　76
持続可能でない経済システム　76
持続性のある経済社会　209
自治意識　86
自治都市意識　86
市町村合併運動　37
信濃創作版画研究会　194
地場産業　2
地場産業史　193
シビック・アグリカルチャー（市民農業）
78, 80
資　本　180, 206
市民経済（シビックエコノミー）　122
社会教育　122, 125
社会教育法　35
社会経済指標　75
社会システム論　99, 145, 146
社会資本　23
社会的インフラストラクチャー　24, 25
社会的起業　122
社会的共通資本　23, 24
社会的コスト論　74, 99
シャッター通り化　42, 155
シャローエコロジー派　53
住民参加　66
シューマッハー・スクール　104
シューマッハー的思考　25
重要文化財　12
巡　礼　105
城下町　38
情報通信技術　49, 206
情報発信価値　139
商店街振興組合法　43
商店街スタイル　42
消費スタイル（生活）　141, 142
消費中心　4
消費文化　142, 181
消滅自治体問題　15
ショッピングモール　83
自律性　71, 72, 74, 86
人工資本　59
人的資本　59
人類学的意味（文化）　176
須坂市（長野県）　193
須坂版画美術館　193
ストック　8, 40, 45, 46, 48, 51, 57, 58, 62,
64, 69, 71, 74, 84, 100, 105, 154, 180, 209
ストック化　47
ストック経済　47
ストック効果　47
ストック調整　48
ストックとしての文化　105
スーパー・カルチャー　145
スモール・イズ・ビューティフル　17,
24, 52, 75
スループット　95
スロー・イズ・ビューティフル　103
生活技術　65
生活景観　85
生活原理　15
生活習慣（慣習）　64
生活大国　109
生活文化　15, 106, 108, 112
生活力の強化　129
静嘉堂文庫美術館　149
生産の経済　3
生産を中心とした文化　2

生態学（エコロジー）　51
生態景観　85
制度資本　24
成長の限界　52
世界遺産　12
世界の文化遺産および自然遺産の保護に関する条約　12
石油ショック　72
世田谷美術館　156
節度あるメカニズム　104
瀬戸内国際芸術祭 158
瀬戸内海国立公園　119
全国一律の都市計画　42
全国総合開発計画（全総）　3, 92
前衛芸術家　193
想像の共同体　203
相対的環境主義　54
組織文化　175
ソーシャル・デザイン　152
ソーシャル・マーケティング　152
ゾーニング（規制）　38, 39
素朴さの文化　25
ソーホー地区（ニューヨーク市）　185

【た】

大企業体制　144
代行的消費　187
大政翼賛会　127
大地の芸術祭　28, 31, 32
大量消費　16, 44, 144
大量消費文化　145
大量生産　16, 44, 144
大量廃棄　16
タオル美術館　155
高岡市（富山県）　172
高岡市美術館　171
高遠町（長野県）　36
高松市美術館　149
多国籍企業　87
他律性　71, 72, 74, 87
多様性の尊重　183
足るを知る　15, 16
短期的雇用　179
短期的利益　178
地　域　9, 34, 92, 127
地域イノベーション政策　92
地域開発計画　92
地域経済振興計画　188
地域公共政策　137
地域事業価値　140
地域再生　166
地域資源　14
地域振興　166
地域の多様性　78
地域のテーマパーク化　84
地域の文化形成史　4
地域文化　9, 15, 156, 166, 148
地域（文化）イメージ　45, 118, 126, 132, 148, 172
地域文化産業政策　138
地域への帰属意識　85
地球の扶養力　61
地産地消（運動）　81, 97, 98
地　方　4, 9, 127, 132
地方財政の悪化　85
地方都市　170
地方の時代　117
地方文化　9, 106, 107, 118, 127, 128, 129, 130
地方文化委員会　127

地方文化運動　129
中　央　4, 8, 132, 135
中央主義(文化)　131, 132
中小企業　100
沈黙の春　52, 55
使い捨ての文化資源　6
妻有トリエンナーレ　27, 29, 159
低エントロピー　60
定常経済論　59, 60
定常状態　94
Discover Japan(ディスカバー・ジャパン)
　133, 134
ディズニーランド手法　35
低農薬農法　58
ディープエコロジー派　53
適正成長率　21
テクノポリス政策　92
デザイナー　88, 89, 133, 188
デザイン　87, 88, 134, 142, 182
デザイン力　88
デジタルアーカイブ　5, 6
デジタル化　5, 8, 13, 188
デジタル技術　188
デフレーション　47
伝　統　121
伝統的建造物　12
伝統的社会の文化　103
伝統的文化保持　121
十日町(新潟県)　27
東　京　132, 135
東京おもちゃ美術館　157
東京国立近代美術館　113
東京ステーションギャラリー　155
東京都心の文化スペース　155
東京都(府)美術館　149
統合システム　147
動態景観　85
道路拡幅　42
都会文化　131
時の鐘(鐘楼堂)　37
特別都市計画法　39
都市開発モデル　185
都市計画　39, 40
都市計画思想　40
都市計画法　39, 40
都市再開発　91
都市文化　109
土地利用規制　40
富山県立高岡工芸高等学校　171, 172
富山大学芸術文化学部　171, 172
トリエンナーレ　27, 33
十和田現代美術館　154

【な】

内部経済化　74
直島(香川県)　27
何を残すのか　68
日本農業　78
日本のポンピドゥーセンター構想　163
日本文化　128
人形まつり　43
ネット販売　143
ネット(消費)文化　181, 184
ネットワーク化　81
根津美術館　149
熱力学の法則　95
農商工連携　165
農村漁村余暇法　107
農村滞在型休暇　107
農村文化　2, 33, 109

NO-MA 154
農民文化 3

【は】

排除の時代 154
排他性 131
破壊勒性値 198
博物館 33, 34, 35, 39, 70, 122, 123, 125
博物館法 35, 151
博覧会 125
ハコモノ行政 125, 137
パターナリズム 19
パトロン 109, 110
ハビトゥス 187
バブル(期) 22, 47, 116, 201
ハロッドモデル 22
ビエンナーレ 27, 33
東アングリア民俗博物館 123
東日本大震災 62
平塚市立美術館 150
Visit Japan 133
美術(アート) 28, 31, 166, 175
美術観 29
美術館 109, 112, 148, 161, 169, 173, 184, 188
美術ワークショップ 151, 156
ひずみ 198
人づくりの場 34
ファーマーズ・マーケット 81
複合遺産 12
福島第一原発事故 62
福山市(広島県) 118
福山市鞆町(広島県) 65, 119
福山博物館 118
武家文化(古都鎌倉) 102
不在地主化 79, 80
仏教経済学 24
物流システム 38
フードマイレージ 207
フュウザン会 191
ブランド 144
ブリジストン美術館 149, 155
フリーサイズ戦略 183
ふるさと創生 31, 136, 210
プレスティッジ価値 139
フロー 8, 40, 45, 46, 48, 51, 58, 62, 74, 84, 95, 105, 154
フローとしての文化 105
プロフェショナル 186
フロー優先の経済社会 209
文　化 1, 7, 10, 24, 33, 59, 64, 69, 71, 121, 141, 175, 212
文化イメージ 185
文化格差 137
文化行政(政策) 70, 112, 211
文化芸術による地域活性化・国際発信推進事業 32
文化産業 138, 139
文化産業財 139
文化財 34
文化財保護法 11
文化資源 66
文化システム 147
文化資本(論) 43, 86, 98, 187
文化受容度 195
文化的・経済的空間範囲 9
文化的植民地 130
文化的想像力 130
文化的多様性 87
文化の欠如 111

分散ネットワークシステム　94
米国流資本主義　176
平成の大合併　93
平和記念東京博覧会　212
へきち問題　120
碧南市　189
碧南市藤井達吉現代美術館　189
碧南市文化振興計画　189
北京 798 地区　185
包摂の時代　154
北斎館　193
牧畜文化　33
補助金　117
北海道デザイン研究所　134
北海道三岸好太郎美術館　196
ボランティア(精神)　15, 29, 32, 110

【ま】

マーケティング戦略　26
マーシャルの K 49
まちおこし　26, 32, 165, 174
町田市立国際版画美術館　194
まちづくり　35, 36, 65, 137
町並み　38, 42, 86, 98, 120
町屋の屏風まつり　43
町屋保存　41
マネーサプライ　49
丸亀市猪熊弦一郎美術館　190
マンガクラスター　167, 169
マンガ版インキュベータ(京都版トキワ荘事業)　168
マンガ文化　156
見えない文化　11, 67, 70
見える文化　11, 67, 70
水と土の芸術祭　31
道の駅　81
三菱一号館美術館　155
水俣病　55, 74
ミュージアム　84, 107, 112, 122, 125, 136, 137, 169, 201
ミュージアム・オブ・アート　148
ミュージアム大国　125
民芸運動　164
民俗文化財　12, 14
無形文化財　12, 14, 69
村上市(新潟県)　41
無店舗販売　143
迷惑施設　111
もっとも小さな狭い地域　93
モデルチェンジ　26
モデル展示　125
ものづくり　3, 172
模倣行動　32

【や】

安上がりに街をつくる　82
山種美術館　149
U ターン(出戻り)　99
有機農法　58, 184
有形文化財　12, 69
有用規準　207
ユニバーサル・デザイン　182
余暇(時間)　20, 108
余剰生産物　50
弱さの思想　62

【ら】

乱開発(抑制)　39
リサイクル　75
リスク軽減　94

流動性選好説 50
ルーブル美術館 148
歴史的地区保全 40
労働時間 16, 20
労働生産性 16, 20
ローカリズム 201
ローカル・デザイン 90, 181
ローカルな消費文化 184
ローマ・クラブ 52

【わ】

藁工ミュージアム 153

人名索引

【あ】

アイスラー, リーアン　75, 76, 77
間場寿一　117, 118
青井忠治　171
秋野不矩　197
芥川龍之介　115
浅野泰子　192
アンダーソン, ベネディクト　203
安藤光雅　174
池上惇　138, 139, 140
石毛直道　68, 69
板倉準三　113
糸賀一雄　154
猪熊弦一郎　190
入江泰吉　190
ヴィノーバ・バーヴェ　25, 26
ウェーバー　202
ヴェブレン, ソースティン　144, 145, 187, 188
宇沢弘文　23, 24
内山岩太郎　113
枝廣淳子　61
江藤淳　115
エリック, ポール　52, 53
遠藤幸一　172, 173
大江正章　98
大岡昇平　115
大倉喜八郎　149
大澤光民　172
岡田三郎助　196
小倉遊亀　197
大佛次郎　115

【か】

カーソン, レイチェル　52, 55, 56, 57, 60
片岡球子　115, 197
葛飾北斎　6, 193
鏑木清方　115
鎌田亨　134
川上澄生　174
川端康成　115
ガンジー　19, 25, 26
岸田國士　127, 128, 129, 130, 131
岸田劉生　189, 191
北川フラム　27, 28, 29, 30, 31, 164, 165
北野収　80
木村荘八　191
木本文平　191
清沢満之　190
草木大　167
草薙奈津子　150, 151
国木田独歩　115
クマール, サティッシュ　24, 25, 26, 104, 105, 106
クラウジウス　60
栗谷川健一　133, 134, 135, 136
暮沢剛己　161, 162, 163
ケインズ, ジョン・メイナード　17, 18, 21, 51
河野実　194
後藤和子　137
近衛文麿　127
小林創　193

小林多喜二　133, 134
小林朝治　193, 194, 195
小林秀雄　115
小山登美夫　148
コンドル，ジョナサン　155

【さ】

斉藤与里　191
三枝博音　102
酒井重忠　38
坂口安吾　131, 132
坂本龍馬　119
作田啓一　207
佐々木静一　112, 113
佐佐木信綱　115
笹本正治　34, 35, 36
佐藤昌弘　169
佐藤守弘　169
三条実美　119
ジェイコブス，ジェイン　ii, 90, 91, 92
志村ふくみ　197
ジャボンズ　18
シューマッハー，エルンスト・フリードリッヒ　17, 24, 25, 26, 52, 58, 60, 74, 75, 106
シューマン，マイケル　ii
辛美沙　185, 186
シンハ，ラダ　208
須賀松園　172
スキデルスキー，ロバート　16, 17, 18, 19.20, 21, 51, 52, 53, 54, 73
杉本大一郎　60, 61
鈴木美和子　87
スミス, アダム　90, 91
スロスビー，デイヴィッド　88
セネット，リチャード　176, 177, 178, 179
祖父江孝男　68, 69

【た】

高橋源一郎　62
高浜虚子　115
高村光太郎　191
竹下登　136, 137, 210
立原正秋　115
田中滋　109, 111
谷口正次　58, 59, 63
玉村雅敏　152
田村明　82, 83, 84, 85
辻信一　62, 63, 103
デイリー，ハーマン　60, 95, 94, 96, 97
手塚治虫　168
デュビュッフェ，ジャン　154
デュベ，フランソワ　202, 203, 204, 205
デュルケーム　202
テンニエース，フェルディナント　202
戸坂潤　102
ドーマー，エヴセイ　21, 22
鳥越皓之　207

【な】

中川隆太郎　6
中原中也　115
西村佳哲　89, 90
二宮尊徳　16

【は】

パーソンズ　202
橋本誠　157, 159
バトラー, トニー　123
花井裕一郎　7

林房雄　115
ハロッド，ロイ　21, 22
般若侑弘　172
東山魁夷　190
ピカソ，パブロ　14
ヒックス，ジョン　51
日端康雄　40
平山郁夫　115
広上美和子　171
フィッシャー，アービング　49, 50, 51
福井健策　5
福住廉　159, 160
藤井誠一郎　66
藤井達吉　189, 190, 191, 192, 193
ブッダ　105
ブランガード，マイケル（ミカエル）　181
ブルデュー，ピエール　187
フロム，エーリッヒ　145
ベイトソン，グレゴリー　72
ペッテェイ，アウレリオ　53
ベーレンス，ペーター　142
ヘンダーソン，ヘーゼル　72, 73, 74
北条高時　102
細辻恵子　106, 107, 108
ポランニー，カール　79, 198, 199, 200, 201
堀口大學　115
ボルツマン　60
ボールディング，ケネス　145, 146, 147

【ま】

前田青邨　115
マクダナー，ウィリアム　181, 182
マーシャル，アルフレッド　49, 50, 51
松井みどり　149, 150
マッキベン，ビル　93
松平信綱　38
マハーヴィーラ　105
マルクス　202
三岸好太郎　196
三岸節子　196
三潴末雄　116
源頼朝　102
宮本常一　i, 1, 2, 3, 4, 7, 8, 15, 16, 34, 67, 68, 69, 79, 80, 104, 120, 121, 122, 128, 128, 135, 136
宮本百合子　130
ミル，ジョン・スチュアート　94
村上炳人　172
村田麻里子　124, 125
メドウズ，デニス　53
メンガー　18

【や】

柳生不二雄　114, 115
柳宗悦　164
山本作兵衛　13
山本哲士　64, 65, 70
ユーウェン，スチュアート　141, 142
横溝正史　115
吉川美貴　42, 43, 44
吉田健一　115
吉見俊哉　5
吉村和真　168
米山俊直　68
萬鉄五郎　191

【ら】

ライソン，トーマス　77, 78, 79, 80, 81, 82, 85

ラッセル，バートランド　*16, 106*
リーチ，バーナード　*189, 191*
レーガン　*178*
レール，ヨーガン　*90*

【わ】

ワルラス　*18*